# 365 Tage mit Feng Shui

WORK

Katrin Möller · Fotos von Andreas von Einsiedel

# 365 Tage mit Feng Shui

## In einem Jahr wohnen Sie wohler!

Deutsche Verlags-Anstalt

# Feng Shui – Basiswissen in neun Punkten

## 1 *Feng Shui – worum es geht*

Was heißt eigentlich Feng Shui? Wörtlich übersetzt bedeutet es „Wind“ und „Wasser“, also zwei Naturkräfte, die das Leben der Menschen seit jeher beeinflusst haben.

Die Lehre des Feng Shui hat eine uralte Tradition. Sie stammt aus einer Zeit, als das Überleben der Menschen stark von der Natur abhängig war. Sicherheit und Wohlstand waren nur dann möglich, wenn man in der Lage war, die Kräfte der Natur zu deuten und für sich zu nutzen. Daraus entstand ein Wissen, dessen Absicht war, in Übereinstimmung mit der Umwelt zu leben. Überall auf der Welt haben Menschen so gebaut, wie es für sie an einem bestimmten Ort, in einem bestimmten Klima und mit ihren Lebensgewohnheiten am besten funktioniert hat – also kein ungewöhnliches Phänomen. Glücklicherweise wurde dieses Wissen in China über Jahrtausende überliefert.

Auch wenn es heute nicht mehr um unser Überleben geht, sind wir genauso von unserer Umgebung beeinflusst. Uns treibt das gleiche Bedürfnis nach Sicherheit und Glück – oder anders formuliert: der Wunsch, uns in unserem Zuhause hundertprozentig wohl zu fühlen. Wir wollen nicht nur „schön“ eingerichtet sein, sondern ein Zuhause, das uns nach einem langen Arbeitstag mit Ruhe und Kraft erfüllt.

## 2 *Was sagt mir mein Zuhause?*

Ihr Zuhause ist ein Spiegel. Es sagt etwas aus über Ihre Bedürfnisse und Vorlieben. Darüber hinaus erzählt Ihre Wohnung eine Geschichte über Ihre Persönlichkeit und Ihr Leben. Die allerdings offenbart sie nur dem, der aufmerksam hinschaut. Wer seine Wohnung durch die Brille des Feng Shui betrachtet, auf den warten interessante Erkenntnisse. Was genau bedeutet das rote Sofa an dieser Stelle, und warum fällt es Ihnen so schwer, sich hier zu entspannen? Gehen Sie auf Spurensuche. Finden Sie heraus, ob Ihre Wohnung so, wie sie jetzt ist, für Sie förderlich ist. Nutzen Sie unsere Tipps, um sie entsprechend Ihren Zielen und Wünschen zu gestalten.

Alles nur Zufall? Die Umstände haben Ihre Einrichtung bestimmt? Sie haben sich für dieses Zuhause entschieden, den Mietvertrag unterschrieben und Möbel gekauft. Sie sind für Ihr Zuhause verantwortlich! Wie gut, denn was Sie selber geschaffen haben, können Sie auch selber verändern!

## 3 *Das Prinzip des Bagua*

Das Bagua ist ein Konzept zur Analyse Ihrer Wohnung. Wenn Sie sich fragen, warum Beziehungen oft schwierig sind oder wo Ihr Geld bleibt, beginnt jetzt für Sie eine spannende Untersuchung. Ihr Zuhause kann diese Fragen nämlich beantworten. Was Sie dafür brauchen, ist ein Grundriss Ihrer Wohnung und das Bagua.

Das Bagua ist ein Schema, das aus neun gleich großen Feldern (drei mal drei) besteht. Das Feld in der Mitte wird Tai Chi (Innere Mitte/Gesundheit) genannt. Drumherum gruppieren sich die acht Lebensthemen Karriere, Partnerschaft, Familie, Reichtum, Hilfreiche Menschen, Kinder, Wissen und Ruhm. Dieser „Bagua“ genannte Plan wird mit Ihrem Grundriss in Beziehung gesetzt. Wie das genau funktioniert, erklären wir im Anschluss. Noch etwas: Das Bagua ist vielseitig und lässt sich sowohl auf Ihre Wohnung, Haus, Grundstück, Garten, Räume oder Möbel anwenden.

Woher kommt diese Idee? Das Bagua basiert auf einer Kombination von Yin und Yang zu acht Zeichen, genannt Trigramme. Sie sind die Grundbausteine des IGing, des alten chinesischen Weisheitsbuches, und symbolisieren Phänomene in

der Natur genauso wie Mitglieder einer Familie und Grundeigenschaften. Jedes Thema des Lebens lässt sich hier einordnen, jedes Gefühl, jedes Körperteil.
So kann mit Hilfe des Bagua die Raumnutzung und Gestaltung mit dem jeweiligen Lebensthema optimal zusammenspielen. Sie fördern damit Ihre Ziele und Wünsche, und im Ganzen ein ausgewogenes Umfeld, in dem jedes Lebensthema erfüllt ist.

## *4 So wenden Sie das Bagua an*

Dazu legen Sie das 9-Teile-Raster so auf Ihren Grundriss, dass der Eingang an der Seite von Wissen, Karriere und Hilfreiche Menschen liegt. Dann passen Sie es an, denn die wenigsten Grundrisse sind schließlich quadratisch: Sie dehnen das

| | | |
|---|---|---|
| Reichtum | Ruhm | Partnerschaft |
| Familie | Tai Chi | Kinder |
| Wissen | Karriere | Hilfreiche Menschen |

Bagua-Raster entsprechend und legen es genau auf die äußere Begrenzung Ihres Grundrisses, sodass neun gleich große Rechtecke entstehen.

Nun sind viele Grundrisse gar nicht rechteckig, sie haben Einschnitte oder Ausbuchtungen. Abhängig von ihrer Ausdehnung, ihrer Größe werden diese entweder als Fehlbereiche oder als Erweiterungen gewertet. Dafür gilt die 50-Prozent-Regel: Ist die Breite/Länge des hervorstehenden Teils kleiner als die Hälfte der Breite/Länge des Hauptteils, dann gilt er als hilfreiche Erweiterung, ist er größer, entsteht ein Fehlbereich.

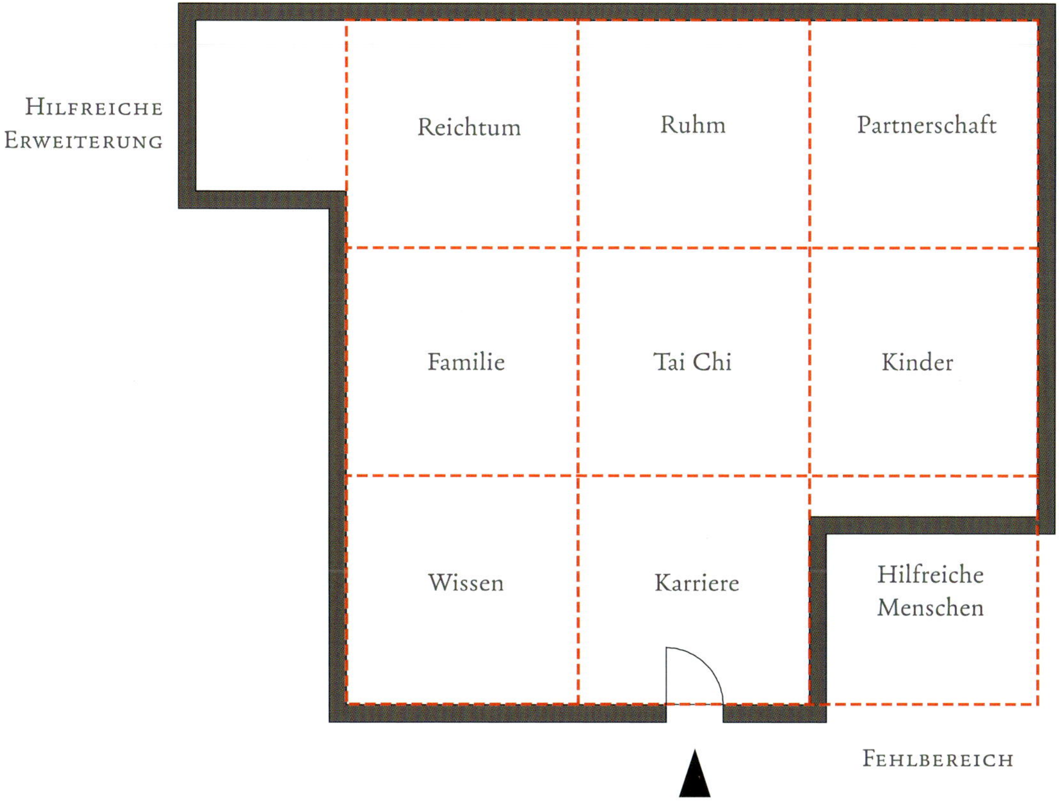


Grundrissbeispiel mit Fehlbereich und hilfreicher Erweiterung

Im Obergeschoss Ihres Zuhauses wird das Bagua neu ausgerichtet. Hier liegt die Grundlinie mit den Feldern Wissen, Karriere und Hilfreiche Menschen parallel zur letzten Treppenstufe.
Alles, was Sie jetzt brauchen, ist ein Plan Ihrer Wohnung oder Ihres Hauses. Los geht's!

## *5 Die fünf Elemente – Leben ist Wandlung*

Menschen werden geboren, wachsen, altern und sterben, genauso, wie aus dem Frühling der Sommer wird und daraus der Herbst. Aus solchen Beobachtungen entstand das System der fünf Elemente – ein Bild für die Erscheinungen des Lebens und die Phänomene der Natur.

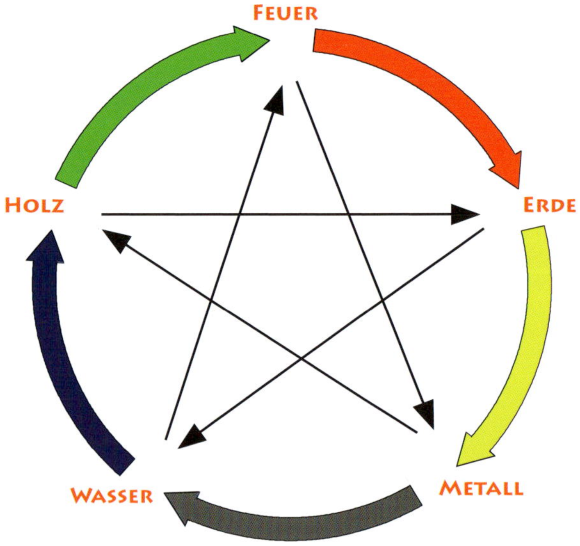


Äußerer Kreis: Erzeugungskreislauf der Elemente
Innerer Kreis: Kontrollkreislauf der Elemente

Die fünf Elemente sind Holz, Feuer, Erde, Metall und Wasser. Ihnen werden Formen, Farben, Materialien, Prozesse und auch Emotionen und Eigenschaften zugeordnet. Die Elemente bilden einen Kreislauf, in dem der ständige Wandel zum Ausdruck kommt. Jedes Element bedingt ein anderes: Holz erzeugt Feuer, Feuer erzeugt Erde, Erde erzeugt Metall, Metall erzeugt Wasser und Wasser erzeugt Holz. Dieses System, in dem die Elemente einander ernähren, wird Erzeugungskreislauf genannt.

Gleichzeitig kontrolliert jedes Element ein anderes und wird wiederum kontrolliert: Wasser kontrolliert Feuer, weil es Feuer löscht, Erde kontrolliert Wasser, indem es Wasser eingrenzt und so weiter. Dieser Zusammenhang nennt sich Kontrollzyklus.

Das Ganze bildet ein System, das in seiner Geschlossenheit funktioniert. Fehlt ein Element, dann ist die Einheit gestört. Wo kein Wasser ist, ist kein Leben möglich.

Daher ist die Voraussetzung für ein lebensförderliches Umfeld, dass alle fünf Elemente vorhanden sind. Das gilt auch für die Wohnung – als selbstgeschaffenes Umfeld – und für den Menschen, der ebenfalls die fünf Energien repräsentiert: Sind alle fünf Elemente ausgewogen vorhanden, dann fühlen wir uns zu Hause wohl und innerlich ausgeglichen. Die beste Voraussetzung für ein glückliches Leben.

## *6 Über die Lebensenergie Chi*

Die Chinesen sind überzeugt, dass alles Ausdruck einer universellen Energie ist, und diese Energie nennen sie „Chi". Wörtlich übersetzt bedeutet es „Atem" und „Geist". Nach daoistischer Philosophie durchdringt diese kosmische Kraft Mensch und Erde. Auf der Ebene des Chi ist alles miteinander verbunden. Dieselbe Kraft, die Leben erschafft und den Wind bewegt, durchströmt auch uns und unsere Umwelt – und so auch unsere Wohnung mit allem, was darin ist.

Feng Shui untersucht, wie der Mensch durch sein Zuhause beeinflusst wird. Ziel ist es, das Chi der Umgebung zu steigern und damit das menschliche Chi zu verbessern. Ist das Chi im Fluss, sind wir gesund und vital.

## 7 *Energie will fließen*

Am liebsten ist uns, das Chi schlängelt sich sanft durch die Wohnung. In leichten Schwüngen, gerade so, wie ein kleiner Bach seinen Weg durch die Landschaft findet. Pfeilgerade Wege laden zum Beschleunigen ein: Kinder fangen an zu rennen, Autos zu rasen, Flüsse werden reißend – und das Chi wird unnatürlich schnell. Andererseits braucht ein natürlicher Fluß auch Platz. In vollgestellten Wohnungen stößt der Energiefluss permanent an Hindernisse.

Auf das Tempo kommt es an: Schnelles Chi ist aggressiv, gebremstes führt zu Stagnation – beides wirkt sich negativ auf unsere Lebenskraft aus. Wenn das Chi beschwingt durch die Wohnung tanzt, erfüllt es unser Zuhause mit lebendiger Kraft und Freude.

## 8 *Hilfsmittel lenken das Chi*

Ein schönes Bild im Wohnzimmer zieht Chi an, ein Spiegel lenkt die Energie in einem verwinkelten Flur, gründliches Ausmisten schafft Platz im Kleiderschrank und lässt das Chi zirkulieren.

Alle Maßnahmen, die den Fluss der Lebensenergie Chi beeinflussen, werden im Feng Shui als Hilfsmittel bezeichnet. Dazu gehören Lichtquellen, Spiegel, Kristalle, Klang, Pflanzen, Blumen, Tiere, Wasser, Mobiles und alle bewegten Objekte, schwere Gegenstände, Farben und Symbole.

## 9 *Harmonie mit Yin und Yang*

Yin und Yang – oft gehört, aber was heißt das eigentlich? Also: Nichts auf der Welt existiert ohne sein Gegenüber. Ohne Tag keine Nacht und ohne Nacht kein Tag. Yin und Yang sind wie der Minus- und Plus-Pol. Sie kommen niemals zusammen, doch um ganz und vollständig zu sein, brauchen sie einander. Das bekannte Symbol von Yin und Yang zeigt diese Polarität in einem Kreis, in dem eine weiße und schwarze Fläche einander umschlingen. Es entstammt dem Taoismus, der Lehre des Lao-Tse und spielt eine wichtige Rolle in der chinesischen Philosophie. Das Bagua, das IGing und die fünf Elemente entstammen dieser Idee.

Konkret findet das Konzept von Yin und Yang Anwendung im Feng Shui in der Gestaltung von Wohnung und Garten. Farben, Materialien, Formen und Raumnutzungen werden der weiblichen Yin-Energie oder der männlichen Yang-Energie zugeordnet. Ein ausgewogenes Zusammenspiel von Yin und Yang schafft eine harmonische Gestaltung und ein kraftspendendes Umfeld.

# Mehr zu den einzelnen Themen

Wenn Sie beim Lesen dieses Buches ein bestimmtes Ziel im Auge haben, beispielsweise Ihr Esszimmer umgestalten wollen, mehr über den Bagua-Bereich Partnerschaft erfahren oder das Element Feuer kennenlernen möchten, ist es sinnvoll die Chronologie zu verlassen und alle Texte zum jeweiligen Thema zu lesen. So bekommen Sie den besten Überblick.

# 1. Januar

*Notizen / Geburtstage*

Treten Sie ein! Willkommen zu einer Reise durch Ihr Haus oder Ihre Wohnung. Mit diesem Buch haben Sie die Möglichkeit, Ihr Heim neu zu entdecken, zu verändern, zu verschönern. Wir nutzen dabei die vielfältigen Anregungen des Feng Shui, der chinesischen Einrichtungslehre. 366 Fotos haben wir dabei für Sie zusammengestellt. Für jeden Tag eins. So können Sie unsere Vorschläge nutzen, Ihr Haus mit anderen Augen anzuschauen und – wenn Sie möchten – Tag für Tag und Schritt für Schritt zu verändern. Keine Angst, Sie müssen nicht alles auf einmal umkrempeln, wir nehmen uns ein Jahr Zeit, denn Feng Shui bedeutet auch eine ständige Entwicklung und Anpassung.
Starten wir also am Hauseingang, denn der hat eine wichtige Funktion: Er verbindet die Außenwelt mit der Innenwelt Ihrer Wohnung. Dabei soll die Haustür alle negativen Einflüsse abwehren und gute Energie anziehen. Ein freundlich und offen gestalteter Eingang, wie auf dem Foto, lädt Menschen – und auch Möglichkeiten in Ihr Leben ein. Die beiden Lorbeerbäumchen markieren den Eintrittsbereich, heißen den Besucher willkommen und beschützen wie zwei Wächter die Tür.

# 2. Januar

*Notizen / Geburtstage*

So, wie die Haustüre Sie und Ihre Besucher außen begrüßt, empfängt Sie Ihre Diele im Innern. Wie präsentiert sich Ihr Eingangsflur? Als Abstellkammer für ein Sammelsurium von Dingen auf der Durchreise – oder aufgeräumt und freundlich dekoriert? Was sehen Sie zuerst? Schauen Sie einmal nach. Denn die Stimmung im Flur nehmen Sie mit – beim Rausgehen und beim Hineingehen in die Wohnung. Sie prägt Ihre Sicht der Welt und Ihre innere Verfassung.
Ein gutes Beispiel ist die Diele auf dem Foto: Der Blumenstrauß, die Bilder, der aufgeräumte, helle Raum wirken freundlich und einladend. All das stimmt den Besucher positiv ein, und man ist gespannt, wie es in der Wohnung weitergeht.

*Alles ist in uns selbst vorhanden.* Menzius

LONDON

# 3. Januar

*Notizen / Geburtstage*

Der erste Eindruck prägt die Stimmung. Und eine wirklich schnell zu realisierende Möglichkeit, gute Laune zu verbreiten, sind frische Blumen. Das ist das Wunderbare am Januar: Es gibt wieder Tulpen. Am besten jede Woche einen neuen Strauß, mal in Pink, mal in Orange, mal in Weiß.

Dieser Blumenstrauß steht in einer Eingangsdiele und heißt jeden willkommen, der das Haus betritt. Das Rot der Tulpen ist ein echter Blickfang und zieht Energie an. Besonders die Farbe Rot hat eine erfrischende Wirkung. Das passt weniger in Ruheräume wie das Schlafzimmer, dafür perfekt in einen so aktiven Raum wie die Diele.

# 4. Januar

*Notizen / Geburtstage*

Schauen Sie eigentlich gerne aus Ihren Fenstern? Ist die Aussicht schön, dann ist es gut, den Blick nicht zu verstellen und das Fenster freizuhalten. Die Sicht auf eine triste Hauswand ist dagegen nicht so inspirierend, und es empfiehlt sich, den Ausblick durch Pflanzen, Fensterbilder oder Rollos zu beleben.
In dieser Küche schauen die Bewohner in einen ruhigen, begrünten Innenhof. Das wirkt beim Arbeiten in der Küche entspannend und gleichzeitig anregend. Nehmen Sie sich einmal die Zeit, Ihre Ausblicke zu prüfen – und prüfen Sie aufmerksam! Auch eine spitze Hauskante oder ein Telefonmast stören Ihre Energie. Wie Sie damit umgehen können, erklären wir am 6. Mai.

# 5. Januar

*Notizen / Geburtstage*

Ob Räume Ihnen gut tun und „funktionieren“, hängt von Ihren Bedürfnissen ab. So auch im Esszimmer: Schnellesser oder Genießer? An diesem Essplatz erzeugt die große Tafel durch die sich ständig wandelnde Beschriftung immer neue Impulse. Der Bereich wirkt lebendig und kreativ. Wenn Sie eher zu den Genießern gehören, sich gerne viel Zeit nehmen und sich beim langsamen Essen vom arbeitsreichen Alltag erholen, wäre dieser Essplatz zu unruhig für Sie. Permanent umgeben von Terminen und Einkaufslisten, fällt es schwer zu entspannen.

Bestimmen Sie selber, was Ihnen gut tut. Meistens ist es jedoch so: Je weniger Ablenkung, desto besser. Wer also an seinem Essplatz ein Bedürfnis nach mehr Ruhe hat, sollte Hektik verbreitende Dinge wie sichtbare To-Do-Listen und große Uhren entfernen. Unterstützend für die Erholung am Tisch wirken außerdem helle Farben; mehr dazu am 22. Februar.

GLASS CHEST
CREDIT NOTE
Shopping
Coffee
olive oil
Baby Wipes
Oven cleaner
Clothes Pegs
*samples/boxes
*bank stuff
Dentist-5pm
Tues. 19th

# 6. Januar

*Notizen / Geburtstage*

Auch bei der Tischdekoration gilt: Was wollen Sie erreichen? Auf diesem Tisch erzeugt die Fülle an Blumen und Kerzen eine lebhafte Stimmung. Die leuchtenden Rot-, Orange- und Gelbtöne regen die Energie an. Von einer impulsiven, fröhlichen Atmosphäre bis hin zu Ausgelassenheit. Knallige, warme Farben fördern Gespräche und steigern möglicherweise auch die Lautstärke. Daher eignet sich diese Tischdekoration wunderbar für ein Geburtstagsfest oder eine Party. Wollen Sie sich dagegen nur aufs Essen konzentrieren, verzichten Sie auf grelle Dekorationen. Blumen oder Kerzen in Weiß unterstützen Ruhe und Konzentration und erzeugen ein elegantes Ambiente, Gelb trägt zu einer freundlichen und angeregten Stimmung bei.

ICE CREAM
ICE CREAM

# 7. Januar

*Notizen / Geburtstage*

Am Essplatz tanken wir Energie – körperlich und geistig. Dieser schlicht gehaltene Raum hat eine klare und ruhige Atmosphäre. Wenige Accessoires und eine reduzierte Einrichtung fördern die Konzentration auf das Essen und das Gegenüber.
Der lange, rechteckige Esstisch findet einen schönen Ausgleich in den geschwungenen Stühlen. Die ausschließlich harten Oberflächen Holz (Tisch, Stühle), Metall (Stuhlbeine) und Glas (Vasen) lassen den Raum eher sachlich wirken. Weiche Materialien, wie eine Tischdecke oder Kissen auf den Stühlen, könnten das Wohlgefühl und die Harmonie am Tisch noch unterstützen.
Der Ausblick in den Garten wirkt beruhigend und ausgleichend. Eine besonders schöne Aussicht können Sie auch mit Hilfe eines Spiegels, den Sie an der gegenüberliegenden Wand anbringen, in den Raum hineinziehen.

# 8. Januar

*Notizen / Geburtstage*

In einer Wohnung mit Loft-Charakter, in einem offenen Grundriss, in dem die Räume übergangslos ineinander greifen, können schwere Elemente den Chi-Fluss (die Energie, die unsere Wohnung durchströmt, siehe Vorwort), beruhigen. Skulpturen, Steine, schwere Tongefäße und kompaktere Möbel binden die Energie im Raum. Zu viele schwere Teile können jedoch in Ihrem Leben Stagnation und Starrheit hervorrufen.

Hier bilden die drei Holzobjekte einen Schwerpunkt im Raum und erden so das Chi. Sie schützen außerdem die ungewöhnliche Treppe ohne Geländer. Die Massivität der Treppe wirkt ebenfalls stabilisierend.

# 9. Januar

*Notizen / Geburtstage*

Sie kennen sicher den üblichen Alltagstrubel. Arbeit und Kinder bestimmen das Leben. Aber wie bewegt das Leben auch sein mag, die meisten Menschen haben in ihrem Alltag eine gewisse Routine entwickelt. Umso wichtiger sind Orte und Zeiten der Ruhe, zum Nachdenken und um sich immer wieder neu auszurichten. In Ihrem Zuhause gibt es für alle aktiven und passiven Tätigkeiten günstige Plätze. Was am besten wo hinpasst, finden Sie im Bagua, das im Vorwort für Sie erklärt ist.

Der Bereich Wissen ist ein ruhiger Ort. Er beschreibt den Teil Ihrer Persönlichkeit, der sich um den Erwerb von Wissen und Weisheit bemüht. Ein Arbeitszimmer, ein Rückzugsort oder ein Meditationsraum passen gut in diesen Bereich des Bagua.

# 10. Januar

*Notizen / Geburtstage*

Legos in die blaue, Puppen in die rote, Krimskrams in die gelbe Kiste: Ein einfaches Kistensystem erleichtert es Kindern, Ordnung zu lernen und selber Ordnung zu halten. Das unterstützt ihre Selbständigkeit und ihr strukturelles Denken – und nicht zuletzt verhindert es lästiges Streiten ums Aufräumen. Und ein aufgeräumtes Kinderzimmer wiederum bietet viel Platz zum Spielen.
Viel Raum für Bewegung ermöglicht eine freie Entfaltung und fördert Selbstvertrauen, Fantasie und Intelligenz. Zugegeben: Oft sind Kinderzimmer immer noch die kleinsten Räume der Wohnung. Umso wichtiger ist hier eine logische Ordnung, regelmäßiges Aufräumen und – Ausmisten! Denn ein zugestelltes Zimmer hemmt den Energiefluss und kann die Entwicklung der Kinder bremsen. Genauso wie das viele Spielzeug, aus dem sie eigentlich längst rausgewachsen sind.

*Das Juwel des Himmels ist die Sonne,*
*das Juwel des Hauses ist das Kind.*

# 11. Januar

*Notizen / Geburtstage*

Eine gute Möglichkeit, das Chi zu lenken, sind der Einsatz von Licht und Farbe. Die drei Objekte in leuchtenden Tönen steigern die Energie, beleben eine dunkle Ecke und können helfen, einen bestimmten Bereich des Bagua in der Wohnung zu aktivieren. (Eine Einführung zum Bagua lesen Sie im Vorwort). Das Material Glas (oder in diesem Fall Plexi) ist generell günstig: Es reflektiert das Licht und zieht Energie an. Die Farbe Grün des Holzelements eignet sich besonders, um den Bereich Reichtum anzuregen, Violett und Rot aktivieren das Feld Ruhm in der Wohnung.

# 13. Januar

*Notizen / Geburtstage*

Das Schlafzimmer ist im Feng Shui der wichtigste Raum. Denn dort verbringen wir unsere meiste Zeit. Und wie schlechter Schlaf auf den Alltag wirkt, kennt wohl jeder. Bei unseren Wohlfühl-Tipps fürs Schlafzimmer starten wir mit dem Bett: Das ideale Material ist Holz. Metall fängt Störenergien auf, die den Schlaf belasten könnten. Durchgehende Matratzen sind besser als zweigeteilte, denn diese schaffen eine Trennlinie im Bett. Der Raum unter dem Bett sollte frei sein, damit die Luft dort zirkulieren und Feuchtigkeit verdunsten kann. Die Saisonkleidung also besser woanders deponieren. Ein erhöhtes Kopfteil – wie auf dem Foto – ist angenehm zum Anlehnen. Eine Erhöhung am Fuß des Betts grenzt zum Raum ab und schafft einen sicheren Rahmen. Vermeiden Sie Fernseher und unnötige elektrische Geräte im Schlafzimmer: Störenergien verhindern erholsamen Schlaf.

Seaside

# 14. Januar

*Notizen / Geburtstage*

Wichtiges Thema im Feng Shui sind die fünf Elemente. Jedes davon hat seine eigene Energie. Die wird unter anderem beschrieben durch Naturerscheinungen, Bilder, Himmelsrichtungen und Farben. Eine Einführung in das Thema der fünf Elemente finden Sie im Vorwort.

Konkret: Das Element Holz wird symbolisiert durch die aufstrebende, wachsende Kraft des Baums, durch den Frühling, den Sonnenaufgang, den Osten und die Farbe Grün.

Holz gibt den Impuls für Wachstum. Diese sehr vitale Energie steht für Entwicklung und Bewegung im Leben, für Kraft, Lebendigkeit und Flexibilität. Der Sonnenaufgang und der Frühling tragen den Beginn des Neuen in sich und symbolisieren Neuanfang, Veränderung und Kreativität.

Zum Foto: Grüne Pflanzen und das Pflanzenmotiv im Kissen integrieren die Holzenergie mit allen Qualitäten und Möglichkeiten in die Wohnung.

# 15. Januar

*Notizen / Geburtstage*

Sehr hohe Räume haben einen besonderen Reiz. Sie wirken großzügig, offen und luftig. Möbel und Bilder kommen besonders gut zur Geltung. Dazu entsteht bei sehr hohen Decken so etwas wie eine innere und geistige Orientierung nach oben. Jeder kennt diesen Eindruck aus Kirchenräumen. Andererseits: So eindrucksvoll hohe Räume auch sind, die Energie – und nicht nur die Heizungsenergie – verliert sich leicht in den luftigen Höhen.

In Wohnräumen geht es um Entspannung und innere Sammlung. Dazu ist es wiederum günstig, die Energie am Boden zu halten. Eine Maßnahme, um den Wohnbereich zu erden, ist das optische Unterteilen der Raumhöhe. Sie können dazu Bilder einsetzen oder eine differenzierte Wandgestaltung mit Farben.

In diesem Wohnraum unterteilt das große Querformat des Bildes den Raum in der Höhe und begrenzt den unteren Bereich des Raums.

# 16. Januar

*Notizen / Geburtstage*

Blumen sind eine wunderbare und vor allem günstige Möglichkeit, Lebendigkeit und frische Energie ins Haus zu holen. Sie können sie immer einsetzen, um einen Raum oder Bereich in der Wohnung anzuregen. Dabei haben Form und Material der Vase, Farbe und Art der Blume, ein großer oder kleiner Strauß eine unterschiedliche Wirkung. Spielen Sie mit den Möglichkeiten. Was wollen Sie erreichen?
Die kugelförmige Vase und die weißen Blumen hier unterstützen das Element Metall und regen die Metall-Energie an. Sie fördern Klarheit, Ruhe und Konzentration und passen gut in die Bagua-Bereiche Kinder und Hilfreiche Menschen, denen das Element Metall zugeordnet ist. (Mehr über die Bereiche lesen Sie im Vorwort.)

# 18. Januar

*Notizen / Geburtstage*

Das Problem mit dem Wasser: Im Feng Shui wird dem Bad viel Aufmerksamkeit geschenkt. Das kommt daher, dass mit dem gebrauchten und verschmutzten Wasser Chi, also Lebensenergie verloren geht. Je nach Lage des Raums im Haus kann das unter anderem die Bereiche Gesundheit und Finanzen negativ beeinflussen. Mehr zum Thema Wasser lesen Sie am 17. März.
Um diesem abfließenden Wasser entgegenzuwirken, ist alles günstig, was Energie bindet. Die Bildergalerie über der Badewanne macht dieses Bad nicht nur besonders wohnlich, sondern fängt die Aufmerksamkeit ein und hält die Energie im Raum. Und noch etwas: Wenn Sie selber die Lage der Badewanne bestimmen können, dann wählen Sie einen Platz, von dem aus Sie die Tür im Blick haben.

# 19. Januar

*Notizen / Geburtstage*

Die Treppe ist ein wichtiges Element: Über sie gelangt das Chi in eine neue Ebene. Und viele Faktoren bestimmen, wie viel Chi tatsächlich oben ankommt.
Fakt ist, dass wir physische Energie aufwenden, um den Höhenunterschied zu überwinden. Ob wir diesen Weg als anstrengend erleben oder eher angeregt die neue Ebene betreten, hängt nicht nur von unserer körperlichen Verfassung ab. Für die Treppe gelten ähnliche Regeln wie für den Weg zum Haus. Ist der Weg nach oben offen, hell und freundlich gestaltet, fließt die Energie leicht in die oberen Geschosse. Wie werden Sie oben empfangen? Auch das bestimmt, mit welcher Stimmung Sie die neue Ebene betreten.
Die farbigen Körbe begleiten und verschönern den Weg nach oben. Der offene, leere Korb symbolisiert Ruhe und Stille und ist ein guter Ausgleich für die Unruhe, die Treppen auch erzeugen. Wichtig: Sicherheit hat Vorrang. Platzieren Sie dort nur dann Gegenstände, wenn Sie dadurch ein sicheres Begehen nicht gefährden.

# 20. Januar

*Notizen / Geburtstage*

Zugegeben: Flure sind häufig schwierige Räume, oft mit Treppen und dunkel, klein und eng, oder lang und schmal. In einem langen Flur kann das Chi nicht natürlich fließen, es nimmt sozusagen Fahrt auf, beschleunigt, lässt die Räume rechts und links aus, und der Raum am Ende des Flurs hingegen liegt voll im Durchzug. Jetzt geht es darum, den Flur mit eingestellten Elementen so zu gliedern, dass das Chi langsamer fließt, wieder in natürlichen Schleifen schwingt und so alle Räume gleichmäßig versorgt.

In diesem zwar großzügigen, aber langen Flur rhythmisieren die eingestellten Tische den Weg zum Wohnzimmer. Die Beleuchtung setzt Akzente und kontrolliert den Energiefluss. Gerne können auch beidseitig Elemente angeordnet werden, sodass der Energiestrom mehr in Schleifen verläuft.

# 21. Januar

*Notizen / Geburtstage*

Feuer ist pure Energie. Die ganze Kraft des Sommers, der Mittagszeit, wenn die Sonne am höchsten steht, die volle Blüte der Natur und des Lebens stecken in der Energie des Elements Feuer.
Zur Erinnerung: Feuer ist eines der fünf Elemente im Erzeugungskreislauf zwischen Holz und Erde. Diese hochaktive Energie versinnbildlicht Lebensfreude, Begeisterung und Genuss. Das Licht des Feuers erhellt den Geist und symbolisiert Intelligenz, Erleuchtung und spirituelle Kraft. Nicht umsonst verkörpern viele sakrale Gebäude in ihrer Form die Feuerenergie: Kirchtürme, aber auch die Pyramide stellen die Verbindung zur spirituellen Welt her.
Die Kerzen und das leuchtende Blumen-Rot erfüllen den Raum im Foto mit der lebendigen Kraft der Feuers.

# 22. Januar

*Notizen / Geburtstage*

Auf die Eingangsdiele folgt in vielen Wohnungen ein Flur. Und häufig schließt an den Flur direkt eine Treppe an. So wie auf dem Foto. Machen Sie sich bewusst: Das, was Sie beim Betreten der Wohnung sehen, stellt Ihren Blick ein – und hat meistens eine zentrale Bedeutung in Ihrem täglichen Leben. Beispiel: Wird der Blick auf die Treppe fokussiert, kann es sein, dass sich ein Gefühl von Anstrengung, von einem ständigen Auf und Ab und von Nicht-Ankommen in Ihrem Leben einstellt. Um das zu verhindern, hilft es, den Blick auf etwas anderes zu lenken.

Hier ist der lange rote Wandausschnitt ein echter Hingucker und bietet dazu noch Platz für Schlüssel und Post.

# 23. Januar

*Notizen / Geburtstage*

Heute stellen wir Ihnen den Bagua-Bereich Kinder vor. Woher das Bagua kommt und wie Sie es anwenden, erfahren Sie in der Einleitung.

Thema dieses Bagua-Bereichs sind unsere Kinder sowie unsere geistigen Kinder, wie Projekte und Aufgaben. Kinder sind höchst kreativ und fordern und fördern unsere Kreativität – ebenso wie unsere persönlichen Projekte. Außerdem sind beide gewissermaßen Ausdruck unseres Bedürfnisses, etwas zu erschaffen. So geht es in diesem Feld sowohl um Kinder als auch um Kreativität.

Haben sie nichts, wodurch sie sich ausdrücken, fühlen sich Menschen häufig leer und unerfüllt. Haben Sie ein kreatives Hobby oder kreative Projekte? Wie ist Ihr Verhältnis zu Ihren eigenen Kindern oder zu Kindern im Allgemeinen?

BILLY

# 24. Januar

*Notizen / Geburtstage*

Mit diesem Foto stimmen wir Sie auf den Bagua-Bereich Familie ein: Hier geht es um Ihre Wurzeln, also um Ihre Beziehung zu Familie, Eltern, Großeltern und Ahnen. So wie ein Baum sich mit seinen Wurzeln in der Erde verankert, ist die Vergangenheit der Boden, auf dem unser Leben neu entsteht. Sie ist unser genetisches und geistiges Erbe. Haben wir viele Konflikte mit Eltern und längst Vergangenem, lenken wir alle Aufmerksamkeit in die Vergangenheit. Doch wer ständig in den Rückspiegel schaut, kann nicht gleichzeitig nach vorne blicken und Neues erschaffen. So sind die Grundlagen für ein erfülltes Leben im Hier und Jetzt Dankbarkeit und Frieden mit dem Vergangenen.
Das Bild für den Familienbereich ist der Donner. Dieses kraftvolle, reinigende Naturphänomen steht für Neuanfang, Kraft und Bewegung und beschreibt treffend die Energie in diesem Bereich. Die Fotos von unseren Lieben sind hier perfekt aufgehoben, am besten so liebevoll arrangiert wie auf diesem Foto!

*Über Vergangenes mach dir keine Sorge,*
*dem Kommenden wende dich zu.*

Tseng-Kuang

BABY

# 25. Januar

*Notizen / Geburtstage*

Auch wenn Sie das jetzt komisch finden: Die wichtigste Maßnahme, bevor Sie Ihr Zuhause mit Feng Shui verändern, ist – Entrümpeln. Tja, das haben Sie sich anders vorgestellt. Jetzt sollen Sie erst aufräumen? Es ist so: Gerümpel ist Ballast. Der sammelt sich an, weil an dieser Stelle die Energie steht. Es wird immer mehr, die Energie stagniert erst recht. Dass sich hier überhaupt etwas ansammelt, ist zunächst einmal Ausdruck eines Problems, und mit dem Anhäufen verstärkt sich das Problem. Soweit verstanden? Später mehr dazu.

Überflüssiger Kram raubt Energie, außerdem Zeit, Geld und Lebensfreude. Sich davon zu befreien, schafft Raum für neue Möglichkeiten. Starten Sie mit einer einzigen Schublade, und Sie werden das Gefühl der Erleichterung sehr genießen. Im Regal haben alle Schuhe Platz, die regelmäßig getragen werden – und nur die.

*Selbst eine Reise von tausend Meilen*
*beginnt mit dem ersten Schritt.* Laotse

DKNY
DKNY

# 26. Januar

*Notizen / Geburtstage*

Ein ausgebauter Dachraum ist eine gute Möglichkeit, mehr Wohnraum zu schaffen. Aber oft sind solche Räume im wahrsten Sinne ungewohnt: Hoch und gleichzeitig von den Seiten beengt, entsteht ein extremer und unausgewogener Raum. Das Blickfeld ist auf ein Dreieck begrenzt, das Auge findet keinen Halt, die Perspektive ist durch die schrägen Wände verzerrt. Ist möglicherweise Ihr Leben in einer ähnlichen Schieflage? Vor allem in Dachwohnungen mit vielen Schrägen ist es wichtig, vertikale und horizontale Elemente zu betonen, um dem Auge Halt zu geben und den Blick „gerade“ zu rücken.
Im Sommer ist es hier glühend heiß und im Winter eiskalt. Und schwer zu möblieren sind Dachräume auch. Andererseits sind sie ruhig, liegen abseits vom Geschehen und eignen sich gut als Rückzugsraum für die Familie. Die weiße Wandfarbe lässt Ecken und Winkel weniger auffallen. Die langen, schmalen Bilder betonen die Vertikale. Um dem Raum die Enge zu nehmen, ist es gut, die Energie nach oben zu lenken, auch aufrecht wachsende Pflanzen oder Deckenfluter können dies übernehmen.

LONDON
HTML
PONS
ENGLISH

# 27. Januar

*Notizen / Geburtstage*

Viele Menschen brauchen zu Hause einen Arbeitsplatz – sei es, um freiberuflich oder selbständig zu arbeiten, oder einfach die private Korrespondenz zu erledigen. Und manchmal bleibt lediglich eine Arbeitsecke, um die E-Mails zu checken.
Zum Thema Farbe und Arbeiten: Grundsätzlich ist es so, dass Weiß die Konzentration fördert und gut passt, wenn konzentriertes und exaktes Arbeiten gefragt ist. Allerdings ist der Arbeitsbereich auch ein aktiver und verträgt daher kräftige Yang-Farben, wie Rot, Gelb, Orange. Viel Rot am Besprechungstisch allerdings könnte hitzige Diskussionen bewirken. Was wollen Sie erreichen?
Die rote Wandfarbe macht diesen Schreibplatz zu einem lauten und aktiven Platz, an dem weniger konzentriert gearbeitet, als bestimmt lieber im Internet gesurft wird. Gut gelöst: Das geschwungene Regal ist platzsparend, passt sich dem Chi-Fluss an und hat keine scharfen Ecken, die den Raum stören. In den unauffälligen Einbauschränken darunter finden Papiere und Unterlagen einen Platz.

# 28. Januar

*Notizen / Geburtstage*

Die Lebensenergie Chi sucht sich ihren Weg durch die Landschaft der Einrichtung. Runde Formen fügen sich gefällig in den natürlichen Fluss. Rechte Winkel und scharfe Kanten dagegen können den Energiestrom unangenehm beeinflussen. Auf eine gelungene Kombination kommt es an. Runde Formen, wie der knubbelige blaue Sessel und die orangefarbene Liege, sind dynamisch, sie entsprechen dem kreativen Denken. Am Tisch oder im Sessel fördern sie eine ungezwungene Kommunikation und Behaglichkeit. Eckige Geometrien verkörpern Ordnung und Struktur. Im Schrank erleichtern sie Überblick und Organisation. Sinnvoll eingesetzt, gehören beide Formelemente zu einer harmonischen Einrichtung!

# 29. Januar

*Notizen / Geburtstage*

Ein Garten auf Tischgröße: Beruhigend und anregend zugleich, schafft diese japanisch anmutende Tischdekoration ein meditatives Ambiente.
Schwarz fördert Kommunikation und tiefgründige Gespräche, Steine sorgen dafür, dass die Erdung nicht abhanden kommt. Grün integriert Lebendigkeit und Flexibilität.
Der Duft der Blumen, die unterschiedliche Haptik von Stein, Moos und Blättern, die lebendige Vielfalt fürs Auge sprechen die Sinne an und machen zum Beispiel ein Sushi-Essen zu einem besonderen Vergnügen.

*Der Himmel mag die*
*Menschen, die gern essen.*

# 30. Januar

*Notizen / Geburtstage*

In vielen westlichen Häusern befindet sich direkt am Wohnungseingang eine Gästetoilette. Das macht aus praktischer Sicht durchaus Sinn, denn die Gäste sollen ja nicht das private Bad, das meist im Obergeschoss liegt, betreten. Gestalten Sie also Ihre Gästetoilette freundlich, damit sich Ihr Besuch auch willkommen fühlt. Fällt der erste Blick auf die WC-Türe, dann halten Sie diese auf jeden Fall geschlossen. Denn sonst landet dort möglicherweise sehr viel Aufmerksamkeit. Das könnten Sie daran merken, dass Sie ein übersteigertes Bedürfnis haben, sich oder Ihr Haus zu reinigen. Vielleicht kennen Sie auch das Gefühl, dass viel Kraft weggespült wird oder das Phänomen, dass Sie Geld nicht halten können. Im Feng Shui wird das Element Wasser – in Bad und WC ja reichlich vorhanden – nämlich mit Reichtum verbunden. Darum schließen Sie die Tür und lenken Sie im Flur die Aufmerksamkeit weg vom Bad!

# 31. Januar

*Notizen / Geburtstage*

Bilder sind Kunst, Dekoration oder beides – sie verschönern die Wände in Ihrem Zuhause. Und Bilder beeinflussen die Stimmung im Raum, abhängig von Inhalt, Farben, Größe und der persönlichen Beziehung, die Sie zu dem Bild haben.

Ein paar allgemeine Tipps zu Bildern:

Betrachten Sie Ihre Bilder genau: Welche Gefühle und Gedanken lösen sie aus? Bilder, die Schwere assoziieren oder die in Ihnen negative Erinnerungen auslösen (warum auch immer), dämpfen Ihre Lebendigkeit und Freude. Wählen Sie stattdessen Bilder, die Sie inspirieren und in Ihren Zielen unterstützen.

Wichtig: Bilder brauchen Raum, damit sie auch zur Geltung kommen. Lassen Sie ausreichend Platz und hängen Sie lieber ein Bild weniger auf.

Wohin passt welches Bild? Dieses Bild hängt am Frühstückstisch und ist leicht und heiter. Achten Sie mal darauf: Wenn zum Beispiel in Ihrer Wohnung hauptsächlich Stillleben oder Landschaftsmalereien hängen, kann es sein, dass Sie Menschen in Ihrem Leben vermissen.

# 1. Februar

*Notizen / Geburtstage*

Bevor wir genauer ins Thema Küche einsteigen, einige Tipps zur Ordnung in der Küche. Wie überall im Haus gilt auch hier: Was brauchen Sie wirklich? Den Eierkocher, den Sie noch nie gern benutzt haben, die stumpfe Reibe, die angeschlagene Schüssel, die vier Dosenöffner? Verschenken, an gemeinnützige Organisationen weitergeben, wegwerfen! Abgelaufene Lebensmittel entsorgen. Bei überquellenden Schubladen und vollgestapelten Schränken schauen Sie mal genauer hin: Dort stagniert Energie in einem Raum, der Sie nähren und unterstützen soll – und das ist ungünstig

Die offenen Regale hier enthalten nur Dinge, die regelmäßig benutzt werden. Geschirr und Gläser sind übersichtlich organisiert und schnell zur Hand. Die Böden sollten regelmäßig gereinigt werden, damit sich vor allem in den oberen Etagen keine dicke Staubschicht sammelt.

# 2. Februar

*Notizen / Geburtstage*

Wem das sprichwörtliche „Feuer" fehlt, dem mangelt es an Energie und Leidenschaft. Wer „für etwas brennt", der ist begeistert – und manchmal gibt es auch eine hitzige Debatte, wenn das Feuer Überhand nimmt.
Feuer ist im Feng Shui das Bild für den Bagua-Bereich Ruhm. Es strahlt Wärme und Licht aus und ist verbunden mit Eigenschaften wie Begeisterung und Lebensfreude, auch Intelligenz und Inspiration. Wer Erleuchtung findet, erlebt Klarheit und Erkenntnis.
Fazit: Feuer ist ein Bild für das Aussenden von Energie und steht im übertragenen Sinne für unsere persönliche Ausstrahlung. Leuchtendes Rot, Feuer und helles Licht transportieren die Feuerenergie und passen gut in diese Zone. Vorsicht mit zu viel Rot. Diese dominante Farbe kann auch nervös und aggressiv machen und sollte eher sparsam verwendet werden.

# 3. Februar

*Notizen / Geburtstage*

Ein selbstgepflückter Blumenstrauß bringt immer besondere Frische und Lebendigkeit auf den Tisch. Er sieht nicht nur schön aus – auch das Pflücken ist bereits ein Vergnügen. Erinnern Sie sich, wann Sie das letzte Mal einen Blumenstrauß gepflückt haben? Wäre doch mal eine Idee. Halten Sie beim Spazierengehen einfach die Augen offen. Gerade Blumen und Pflanzen, die es nicht beim Floristen gibt, können besonders attraktiv, weil ausgefallen wirken.

Zusammen mit dem floralen Muster des Geschirrs unterstützt das Arrangement auf diesem Tisch die Holzenergie, fördert Kreativität und Vitalität. Im Familien-Bereich bringt es frische Energie und Offenheit für den Umgang mit Eltern und Familie. Ein wunderschöner Platz zum Teetrinken.

# 4. Februar

*Notizen / Geburtstage*

Wassers fließt mal schneller, mal langsamer, es ist kraftvoll, findet immer einen Weg und manchmal verweilt es, tief und ruhig. Im Feng Shui symbolisiert das Wasser das Lebensthema Karriere.
Es steht für Eigenschaften wie Stille, Weisheit (stehende Wasser) und Mut, aber auch Kommunikation und Geld(fluss). Wenn Sie die Energie im Bereich Karriere stärken, dann unterstützen Sie nicht nur Ihre Karriere und Ihren Lebensweg, sondern auch diese Qualitäten.
Was viele Menschen mit Wasser verbinden, ist Entspannung – so entspannend, dass die meisten Menschen ihren Urlaub gerne am Wasser verbringen. An diesem schönen Pool abschalten, Kraft tanken ...

# 5. Februar

*Notizen / Geburtstage*

Ein wandfüllendes Werk der Kunst am Esstisch: Die Größe, die Gestaltung und Farbgebung der Komplementärfarben Grün und Rot erzeugen viel Dynamik. Als Kunstwerk passt es wunderbar zu einem lebendigen Abendessen mit Freunden und in den Bereich Ruhm des Bagua.

Wer im Esszimmer mehr Ruhe sucht, der wählt eher ruhige und heitere Motive in hellen Farben. Bilder sollten also immer zu dem Charakter und der Tätigkeit des Raums passen. Lebendige Bilder in kräftigen Farben wirken anregend und sind günstig für das Arbeitszimmer, Wohnzimmer, den Eingangsbereich oder das Kinder-Spielzimmer. In den Schlafzimmern empfehlen sich eher ruhigere Töne und Motive.

# 6. Februar

*Notizen / Geburtstage*

Die Atmosphäre des Bagua-Bereichs Kinder lässt sich so zusammenfassen: Heiterkeit und Freude, die sich einstellt, wenn wir etwas erschaffen. Es geht um die Freude, die es uns bereitet, unsere kreative Seite zu leben und Dinge zu tun, die uns wirklich Spaß machen. Das kann alles sein, von Malen, Gärtnern, Kochen, auch: mit Ihren Kindern zu spielen oder bestimmte berufliche Projekte umzusetzen.

Hinter jedem Bagua-Bereich stehen bestimmte Bilder, Naturerscheinungen, Familienmitglieder und Emotionen, mit deren Hilfe die Energie eines Bereichs erklärt wird. Das Feld Kinder wird beschrieben durch das Bild des Sees, den Herbst, die jüngste Tochter.

Räumlich liegt der Kinder-Bereich im mittleren Drittel auf der rechten Seite des Bagua – ein guter Platz, um Kreativität zu leben und für alles, was Kreativität und Freude ausdrückt und anspricht.

*Das Leben meistert man*
*lächelnd oder überhaupt nicht.*

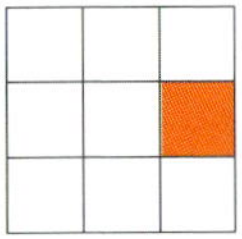

# 7. Februar

*Notizen / Geburtstage*

Im Schlafzimmer darf es gerne gemütlich sein. Eine sanfte, friedliche Atmosphäre entsteht durch die weichen Formen des Sessels und der Kissen. Solch runde Formen, warme Stoffe wie Wolle und sinnliche Materialien wie Seide und Stickerei tragen Yin-Energie und machen diesen Raum zu einem Ort der Behaglichkeit, Ruhe und Geborgenheit (eine Einführung über Yin und Yang lesen Sie im Vorwort). Daher passen auch Vorhänge besser ins Schlafzimmer als Rollläden. Besonders sanft verläuft Ihr Einstieg in den Tag, wenn Ihre nackten Füße zuerst einen kuscheligen Teppich unter sich spüren. Gut sind alle Materialien, die man gerne berührt. Für Bettwäsche, Kissen und Decken wählen Sie Stoffe aus Naturmaterialien und nichts Synthetisches. So schaffen Sie die besten Voraussetzungen für Entspannung und Erholung.

# 8. Februar

*Notizen / Geburtstage*

Das Schlafzimmer ist ein Refugium, ein Ort des Rückzugs fernab der Außenwelt. Die Gestaltung des Raums und die Lage im Haus oder der Wohnung bestimmen das Maß an Ruhe und Privatheit. Um im Schlafzimmer optimal zu entspannen, sollte es sich in einem ruhigen und sicheren Bereich befinden – möglichst weit weg vom Eingang, wo durch ständiges Kommen und Gehen am meisten Unruhe herrscht. Optimal ist es im Obergeschoss des Hauses oder im rückwärtigen Teil der Wohnung.
Die hellblaue Wandfarbe gehört zu den Yin-Farben, eine ruhige Farbe, die Entspannung fördert. Da Blau leicht kühl wirkt, kombinieren Sie dazu auch warme Farben, wie hier die bunte Bettwäsche.

# 9. Februar

*Notizen / Geburtstage*

Am schönsten ist es natürlich, wenn Tageslicht in Ihr Bad fällt. In einem hellen, gut belüfteten Raum kann die Energie einfach am besten zirkulieren und Sie mit frischer Lebenskraft versorgen.

Leider sind die meisten Bäder nicht so einladend wie dieses. In vielen Wohnungen sind sie innenliegend angeordnet. Sicher, das spart wertvollen Platz an der Fassade. Das Bad verkümmert dabei allerdings oft zu einem winzigen Zweckraum ohne jede Energie. Hier sind Sie gefordert: Sie können die Energie mit mehreren, ruhig größeren Spiegeln mobilisieren und so den Raum optisch vergrößern. Auch Holzelemente, Bilder von Pflanzen oder die Farbe Grün erfrischen und bringen Bewegung in den Raum.

# 10. Februar

*Notizen / Geburtstage*

Farben haben die Kraft, unsere Stimmung zu beeinflussen – von ruhig und konzentriert bis ausgelassen und fröhlich. Jede Farbe schwingt in einer eigenen Frequenz, die Auswirkungen hat auf die Stimmung und den Körper des Menschen. Ob Sie Ruhe, Heiterkeit, Konzentration oder Leidenschaft suchen – Sie müssen nur die richtige Farbe wählen. Die Wirkung von Farben in Räumen ist immer wieder beeindruckend.
Welche Farbe passt ins Bad? Blau entspannt Körper und Geist. Es beruhigt den Stoffwechsel, das Nervensystem, fördert Stressabbau und Schlaf. Im Badezimmer eine erfrischende und beruhigende Farbe zugleich.
Verwenden Sie Farben gezielt, um Raumfunktionen zu unterstützen. Oder wählen Sie sie entsprechend dem jeweiligen Bagua-Bereich aus. Denn wer sich die Wirkung von Farbe zu Nutze macht, unterstützt das Wohlbefinden in der Wohnung, um glücklich und gesund zu leben.

# 11. Februar

*Notizen / Geburtstage*

Um Platz zu sparen, werden heute Treppenhäuser oft stark minimiert, zugunsten von mehr Wohnraum. Dahinter steht die Meinung, das Treppenhaus sei nicht wichtig, Hauptsache, man kommt nach oben. Sieht man die Treppe, wie im Feng Shui, als Energieader zwischen Oben und Unten, ist es einleuchtend, wenn dort Energie auch fließen kann. Ein sehr enges Treppenhaus ist wie ein Nadelöhr, das Chi zwängt sich nur schwer hindurch. Ähnlich bei sehr steilen Stiegen – dort kostet es viel Kraft, die Steigung zu überwinden. Dann kann es sein, dass Sie viel Anstrengung in Ihrem Leben haben und sich oft ausgepowert fühlen. Da wir meist an der Dimensionierung des Treppenhauses wenig ändern können, haben wir für Sie einige Tipps zur Gestaltung, um auch diesen Bereich zu optimieren.

Die gewendelte Treppe hier im Foto spart Platz. Durch die farbigen Fenster fällt Licht in den Treppenraum. Licht und Farbe wirken erfrischend und bringen viel kraftspendende Energie für den Weg in eine neue Ebene.

# 12. Februar

*Notizen / Geburtstage*

Essen und Wohnen in einem Raum hat etwas sehr Großzügiges, denn es funktioniert nur ab einer bestimmten Raumgröße. Essen wird Teil des Wohnens und gesellschaftlichen Lebens – und Wohnen auch Teil des Essens. Beide Funktionen verschmelzen gewissermaßen. Dennoch ist es gut, die beiden Bereiche optisch voneinander zu trennen, denn sonst kann es sein, dass Ihr Leben zu sehr vom Essen bestimmt wird, oder Sie im Wohnzimmer schwer zur Ruhe kommen.
Das schmale Regal zwischen Tisch und Sofa ist eine schöne Möglichkeit, die zwei Funktionen klar gegeneinander abzugrenzen und gleichzeitig in Kontakt zu bleiben.

# 13. Februar

*Notizen / Geburtstage*

Jeder Bereich im 9-teiligen Bagua hat sein eigenes Thema. Im Feld Partnerschaft geht es um alle zwischenmenschlichen Beziehungen und im Besonderen um die Paarbeziehung.
Dieser Bereich liegt, vom Eingang aus gesehen, hinten rechts in Ihrem Zuhause und ist verbunden mit dem Bild der Erde und der Energie von Stabilität, Fruchtbarkeit, Offenheit und Liebe.
Überlegen Sie mal kurz: Wie sind Ihre Beziehungen zu Ihrem Partner oder auch Geschäftspartner, zu Ihren Freunden, Bekannten und Nachbarn – eher harmonisch oder eher anstrengend und konfliktbeladen?
Besonders für die Paarbeziehung ist es von Vorteil, wenn in diesem Bereich auch Platz für zwei Menschen ist. Die zwei gleichen Sessel signalisieren Übereinstimmung und Zusammengehörigkeit.

# 14. Februar

*Notizen / Geburtstage*

Und, haben Sie seit gestern überlegt, wie Ihre Beziehungen so sind? Wann haben Sie das letzte Mal gesagt: „Ich liebe dich"? Heute Morgen, gestern, vergangenes Jahr – oder können Sie sich gar nicht mehr erinnern?
Die Liebe zu sich selber und zu anderen Menschen ist der größte Ausdruck von innerer Zufriedenheit und Erfüllung. In Liebe steckt Dankbarkeit und Glück.
Sagen Sie „Ich liebe dich" zu Ihrem Partner, zu Ihren Kindern oder Ihren Eltern, zum guten Freund oder der besten Freundin und, wenn Ihnen überhaupt niemand einfällt, zu sich selber.
So ein bedruckter oder gemeißelter Stein erinnert uns daran – jeden Tag.

*Der Geist, der allen*
*Dingen Leben verleiht,*
*ist die Liebe.* Tschu-Li

I love you

# 15. Februar

*Notizen / Geburtstage*

Licht ist wichtig für Wachstum und Wohlbefinden. In dunklen Räumen werden wir müde und lethargisch. Sonnenlicht dagegen aktiviert Lebensenergie, wir tanken Kraft, blühen auf, und es geht uns gut.
Achten Sie darauf, dass ausreichend Licht Ihre vier Wände erhellt. Bei kleinen oder wenig besonnten Fenstern vermeiden Sie schwere Vorhänge und vollgestellte Fensterbretter. Öffnen Sie Vorhänge und Rollos tagsüber komplett, beschneiden Sie, wenn nötig den Baum vorm Fenster. Noch etwas: Weiße Fensterrahmen innen wirken hell und freundlich.
Sonnenlicht in Kombination mit bunten Glasvasen belebt das Chi ganz besonders. Die Vasen in Grün und Blau wirken auch anregend auf die Bereiche Familie und Reichtum.

# 17. Februar

*Notizen / Geburtstage*

Pflanzen sind lebendig – sie wachsen, atmen, verbessern ganz natürlich die Luft und bringen ein Stück Natur in Ihre Wohnung. Sie beleben den Raum – vorausgesetzt, sie sind gesund und gefallen Ihnen. Pflanzen stehen für Wachstum, Lebendigkeit, Vitalität und Kraft. Ihr frisches Grün wirkt beruhigend, heilend, ausgleichend und anregend.
Dazu lenken sie Energie: Sie bremsen schnelles Chi zum Beispiel, wenn sich Tür und Fenster in einem Raum gegenüberliegen. Vor großen Fensterflächen sind sie Sicht- und Sonnenschutz. Spitze Blätter sind im Feng Shui umstritten, weil ihre Spitzen wie kleine Pfeile wirken. Besser sind Pflanzen mit runden Blättern.

# 18. Februar

*Notizen / Geburtstage*

Eine ganz besondere Schlafnische: Umgeben von ihren liebsten Schätzen, hat sich ein Mädchen einen persönlichen Rückzugsort geschaffen. Dieser Platz ist geschützt und passt gut, wenn das Kinderzimmer ein sehr großer Raum ist, wenn sich Kinder ein Zimmer teilen, oder es sich um ein Durchgangszimmer handelt. Wichtig ist, dass auch in der Nische die Energie zirkulieren kann. Regelmäßiges Ausmisten, Aufräumen und Staubwischen ist wichtig, weil es die Energie in Bewegung hält. Wenn die Luft dort schlecht ist, öffnen Sie den geschlossenen Bereich mehr.

Grundsätzlich ist es günstig, im Kinderzimmer eher leichte und bewegliche Möbel zu platzieren, damit Sie und Ihre Kinder Möbel mal eben schnell umstellen und umräumen können. Diese Flexibilität entspricht den Kindern, weil auch sie sich ständig verändern und entwickeln.

# 19. Februar

*Notizen / Geburtstage*

Rot ist Leben, ist Wärme und Farbe des Feuers. Eine kraftvolle Energie also, passend für den Bereich Ruhm (im Bagua hinten in der Mitte).

Doch Feuer hat auch eine zerstörerische Kraft, bei viel Feuer ist die Atmosphäre hitzig, es kann schnell Streit geben. Seien Sie also sparsam mit den Attributen des Feuers und beachten Sie immer auch die Raumnutzung, nicht nur den Bagua-Bereich. Viel feurige Energie im Arbeitszimmer wirkt sich nachteilig auf die Konzentration aus, im Eingangsbereich dagegen strahlt sie Wärme aus. Rote Tulpen, ein roter Teppich, auch dreieckige Formen, wie die spitzen Pfosten im Rücken der Bank, sind typische Merkmale des Feuers.

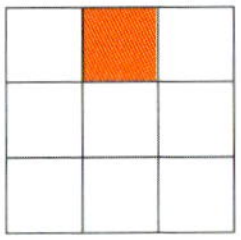

# 20. Februar

*Notizen / Geburtstage*

Mit dem Begriff Karriere verbinden wir meist unsere berufliche Laufbahn. Doch das Thema im Bagua-Bereich Karriere ist umfassender.
Es geht darum, „im Fluss zu sein“ – und zwar bezogen auf den Lebensweg, nicht nur auf den Beruf. Dieses Gefühl stellt sich meist dann ein, wenn Sie das, was Sie tun, wirklich gerne tun. Dann läuft alles, und irgendwie geht's leicht. Und das heißt nicht, dass es nicht auch manchmal schwierige Entscheidungen zu treffen gilt, oder Sie im Leben die Richtung wechseln. Es bedeutet, seiner Intuition zu folgen, den Mut aufzubringen, neue Schritte zu wagen und vor allem dabei sich selber treu zu bleiben. Eine positive Energie in dieser Zone wird häufig deutlich an der beruflichen Karriere, genauso wie ein Energiestau – dann geht es auch im Job nicht weiter. Wie erleben Sie Ihr Leben – leicht oder anstrengend und mit vielen Hindernissen? Ist Ihr Beruf das, was Sie wirklich tun möchten?

*Die Menschen stolpern nicht über Berge, sondern über Maulwurfshügel.* Konfuzius

# 21. Februar

*Notizen / Geburtstage*

Feuer lässt den Raum erstrahlen. Diese zwei Lampen stecken voller Feuerenergie. Helles Licht, Lampen, Kerzen und das Kaminfeuer tragen die aktive Kraft des Feuers in die Wohnung. Äußeres Feuermerkmal sind alle spitzen und dreieckigen Formen und die Farbe Rot. Auch Tiere und tierische Materialien wie Fell, Leder und Wolle werden diesem Element zugeordnet.
Feuer ist eine essenzielle Energie, ohne die im Leben Kraft und Freude fehlen. Sie sollte also auf jeden Fall in Ihrer Wohnung zu finden sein. Schauen Sie mal in Ihrem Zuhause nach: Was gehört bei Ihnen zum Element Feuer?

English Furniture
ADAM and HEPPLEWHITE FURNITURE
ENGLISH FURNITURE 1760-1900

# 22. Februar

*Notizen / Geburtstage*

Wer sich hier zum Essen an den Tisch setzt, wird sich garantiert wohlfühlen. Kissen, Blumen und eine liebevolle Tischdekoration erschaffen ein freundliches Ambiente.

Noch einmal zu den Farben am Essplatz: Helle Farben, wie Gelb und Grün, helle Rottöne, zarte Naturtöne verhelfen zu einer positiven Stimmung am Tisch, sind gut zum Abschalten und angenehm zum Essen. Gelb fördert Harmonie in Gesprächen, Accessoires in Rot regen die Gespräche an. Zu viele grelle Töne aktivieren zu sehr, lenken vom Essen ab und erzeugen Unruhe, Schwarz kann leicht eine düstere Stimmung hervorrufen.

Als Material für Tische eignet sich am besten Holz. Es ist stabil, angenehm zu berühren und von warmer Farbe.

# 23. Februar

*Notizen / Geburtstage*

Extrovertierte und impulsive Menschen haben viel Feuerenergie. Ein Übermaß an Feuer erkennt man häufig an Menschen, die laut und unbeherrscht sind, die gerne und viel streiten. Gesundheitlich haben sie mit Herzproblemen, Bluthochdruck und eventuell auch mit Panikattacken zu tun.

Im Gegensatz dazu fühlen sich Menschen mit wenig Feuer antriebslos und kraftlos, mit wenig Lust am Leben. Feuer im Gleichgewicht erkennt man an klaren, humorvollen und anziehenden Persönlichkeiten voller Lebensfreude und Genuss. Vielleicht erkennen Sie sich in der ein oder anderen Beschreibung wieder.

Wer im Leben Feuer vermisst: Der rote Stuhl, das Licht und auch die Porträts regen die aktive Feuerenergie an.

# 24. Februar

*Notizen / Geburtstage*

Gerne darf das Schlafzimmer auch ein kleiner Raum sein. Dort ist es oft leichter, eine gemütliche und beschützte Atmosphäre zu erzeugen, und das Chi fließt sehr viel langsamer. Wichtig ist es, hier auf eine klare, ruhige Einrichtung zu achten – und nicht noch tausend Dinge reinzustopfen, die woanders keinen Platz finden.

Für eine ausgeglichene Paarbeziehung ist es günstig, wenn das Bett von beiden Seiten zugänglich ist. Auch zwei gleiche Nachttische und Lampen fördern Harmonie und Ausgewogenheit in Partnerschaft. Das gilt auch für den Fall, dass Sie sich eine neue Beziehung wünschen. Schaffen Sie jetzt schon Raum für einen Partner, sodass dieser einen Platz hat, den er einnehmen kann.

Balken oder Deckenvorsprünge (wie auf dem Foto) sind über dem Bett ungünstig. Sie erzeugen ein belastendes Energiefeld und können so Ihren Schlaf oder sogar Ihre Gesundheit beeinträchtigen. Verstellen Sie das Bett oder lassen Sie den Balken/Vorsprung unter einem Tuch oder Betthimmel verschwinden.

Die Fotos oberhalb des Kopfteils sollten Bilder des Paares sein, keine Kinderfotos. Ins Schlafzimmer gehören nur Sie beide.

# 25. Februar

*Notizen / Geburtstage*

Schön, dass du da bist! Eine Blume am Platz jedes Gastes ist eine freundliche und anerkennende Begrüßung. Eine liebevoll gestaltete Tischdekoration ist eine Einladung an Ihren Besuch, sich bei Ihnen wohlzufühlen. Und Blumen, Blätter oder Kräuterzweige sind schnell gepflückt und mit Schleifen oder Bastbändern zusammengebunden. Die Weichen für ein lockeres und genussvolles Essen sind gestellt!

# 26. Februar

*Notizen / Geburtstage*

Tiere sind richtige Energiebündel. In der Sprache des Feng Shui ausgedrückt, stehen sie für Yang-Energie. Sie bringen Bewegung, Leben und Freude in Ihre vier Wände. Wenn Sie Kinder haben: Kinder lieben Tiere, und sie können lernen, sich verantwortlich um sie zu kümmern. Allerdings sollten sie auch alt genug dafür sein!

Ganz wichtig: Ein Haustier braucht einen Platz in Ihrem Zuhause. Halten Sie diesen immer frisch und sauber. Auch das Katzenklo sollte regelmäßig gereinigt werden und möglichst abseits stehen.

# 27. Februar

*Notizen / Geburtstage*

Grafische Bilder mit geometrischen Formen strahlen Ruhe und Stabilität aus, weniger Lebendigkeit und Aktivität. Wenn Sie genau das suchen, perfekt. Werfen Sie mal einen Blick auf die Bilder an Ihren Wänden: Wenn Sie sich in erster Linie mit grafischer Kunst umgeben, kann es allerdings auch sein, dass Ihnen in Ihrem Leben Bewegung und Veränderung fehlen. Und falls das für Sie zutrifft, ist unser Tipp: Integrieren Sie Bilder mit Dynamik, mit Ausblicken, mit Bewegung.
In diesem Fall sind die runden Formen des Tischs und Sessels ein guter Ausgleich für die ruhige und stabile Ausstrahlung des Bildes.

# 28. Februar

*Notizen / Geburtstage*

Das System der fünf Elemente ist in der Praxis vielfältig anwendbar: Wer beispielsweise die Freude am Leben vermisst, der kann gezielt Feuerelemente in seine vier Wände integrieren. Sehr explosive und extrovertierte Charaktere sollten sich nicht ausgerechnet die rote Sitzgarnitur aussuchen! So lassen sich die Elemente auch einsetzen, um bestimmte Qualitäten und Emotionen zu fördern oder zu zügeln. Grundsätzlich: Alles, was Sie verändern, sollte Ihnen persönlich gefallen, sodass Sie sich wohlfühlen – denn das fördert Ihr Wohlergehen am meisten. Sämtliche Analysemethoden und Anregungen sind Möglichkeiten – nicht Gesetz. Was Ihnen gut tut, wissen Sie selber am besten!

# 29. Februar

*Notizen / Geburtstage*

Weiter geht's mit dem Thema Ordnung und Entrümpeln: Alles, was keinen richtigen Platz hat und noch nie einen hatte, zählt zum Gerümpel. Unordnung raubt Zeit. Schon mal morgens in Hektik den Schlüssel gesucht? Auch Dinge, die gekauft, eben kurz auf der Kommode abgestellt wurden und diesen Platz nie mehr verlassen haben, zählen zum energiebremsenden Kram. Trösten Sie sich, jeder kennt sie, diese unordentlichen Ecken, verwaisten Gegenstände ...
Die Sache ist die: Suchen kostet Sie nicht nur Zeit, sondern auch Aufmerksamkeit, Nerven und manchmal Ihre gute Laune. Dinge, die im Weg stehen, bremsen. Unordnung raubt Energie, schafft Verwirrung und Unklarheit. Spannend ist es zu schauen, welcher Bagua-Bereich bei Ihnen davon betroffen ist. Dazu mehr am 9. Oktober. Also: Geben Sie Ihren Dingen einen Platz. Und sortieren Sie sie immer dorthin – wie gesagt, immer! Hier hat jedes Handtuch seinen Haken und lässt sich für seinen speziellen Zweck einsetzen.

*Die Weisheit des Lebens besteht im*
*Ausschalten der unwichtigen Dinge.*

# 1. März

*Notizen / Geburtstage*

Kennen Sie das? Sie feiern eine Party, und alle Gäste drängeln sich in Ihrer Küche. Klar, denn dort stehen das Essen, die Kaffeemaschine und der Kühlschrank mit den Getränken. Hier fühlen wir uns gut versorgt. Das trifft genau den Charakter der Küche: Sie ist das nährende Zentrum des Hauses. Hier wird das Essen zubereitet, hier tanken wir Energie. Das hält uns gesund und fit. Und gutes Essen ist Genuss und Freude und hat große Auswirkungen auf unser Wohlergehen.
Ob Ihre Küche so eine Quelle positiver Energie ist – da spielen viele Dinge eine Rolle: Herd, Belichtung, Raumgestaltung. Lesen Sie an den anderen Tagen unsere Tipps zur Küche. In dieser hier ist das Orange der Wände sehr belebend und gibt dem Raum eine warme und einladende Stimmung.

# 2. März

*Notizen / Geburtstage*

In jedem Bereich des Bagua gibt es Farben und Formen, die diesen besonders unterstützen. Heute geht's um das Feld Karriere (vorne in der Mitte).
Wasser ist das Bild für Karriere, daher ist hier folgende Gestaltung günstig: die Farben Schwarz und Blau, fließende, unregelmäßige Formen, und – weil Metall das Wasser unterstützt – auch Weiß und das Material Metall. Fließende Formen bringen, entsprechend dem Wasser, Bewegung und fördern den Lebensfluss.
Zum Wasser gehört aber nicht nur die Bewegung, sondern auch die Stille und Ruhe, die es braucht, um der inneren Stimme zu lauschen und sein Leben immer wieder neu auszurichten. In diesem Lieblingssessel können Sie abtauchen und nachdenken. Die geschwungene Form und die schwarze Farbe tragen die Energie des Wassers und unterstützen Ruhe und Kraft.

*Je stiller du bist,*
*desto mehr kannst du hören.*

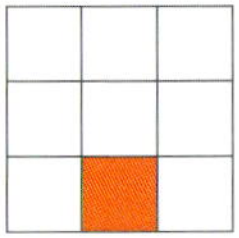

BROOKES
GARDEN

# 3. März

*Notizen / Geburtstage*

Freude und Vergnügen charakterisieren das Wesen des Bereichs Kinder im Bagua. Lassen Sie sich von dem Namen nicht irreführen. Dort muss nicht das Kinderzimmer sein. Dinge und Gegenstände, die Sie besonders erfreuen, wie ein schöner Blumenstrauß in Ihrer Leseecke, sind dort genauso gut aufgehoben.

Räumlich liegt der Kinder-Bereich im mittleren Drittel auf der rechten Seite des Bagua. Fehlt dieser Bereich in Ihrem Zuhause, fehlen häufig Kreativität und die Lust, Neues zu erschaffen – oft entsteht eine innere Leere und Resignation. Möglich auch, dass Sie Schwierigkeiten haben, Kinder zu zeugen, oder dass Ihr Verhältnis zu Kindern schwierig ist. Ein besonders unordentlicher oder zugerümpelter Kinderbereich wirkt sich aus wie ein Kreativitätsstau. Zu viel Unordnung im Kopf hindert Sie daran, klare Gedanken zu fassen und Neues anzufangen.

Deswegen ist der erste Schritt, um Ihre kreativen Fähigkeiten auf jeder Ebene anzuregen, wie immer: aufräumen!

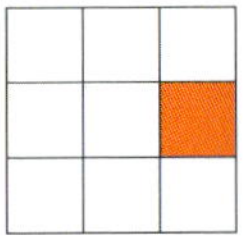

# 4. März

*Notizen / Geburtstage*

Die Energie von Holz trägt den Geist der Veränderung und bringt lebendige Frische in den Raum.
In der Wohnung findet sich die Holzenergie in allen vertikalen Formen und Strukturen. Hohe Möbel, wie die zwei Regale auf dem Foto, Stehlampen, hohe Stuhllehnen, vertikale Vertäfelungen, Längsstreifen und Stützen symbolisieren das Holzelement, sowie Pflanzen, Blumen (auch Bilder davon) und alle Möbel, Fußbodenbeläge und Verkleidungen aus Holz. Auch Stoffe aus Naturfasern, wie Baumwolle oder Leinen gehören zum Holz – und die Farbe Grün.
Wer sich mehr Wachstum, Kreativität und lebendige Energie wünscht, der kann gezielt Holzelemente in seine Wohnung integrieren.

*Fürchte dich nicht*
*vor dem langsamen Vorwärtsgehen.*
*Fürchte dich nur vor dem Stehenbleiben.*

# 5. März

*Notizen / Geburtstage*

Ein großzügiges Wohnzimmer ist toll. Jede Menge Luft, jede Menge Platz für Menschen und Raum zum Wirken für Möbel und Bilder. Auch wenn Sie ein Freund von reduzierter Einrichtung sind, schaffen Sie im Wohnraum verschiedene Bereiche. Sonst fühlen Sie sich leicht verloren und haltlos. Dem Chi geht es ähnlich: Es braucht Platz zum Fließen, aber auch Grenzen, die es lenken. Oft reichen harmlose Maßnahmen, wie der große Teppich, der den Wohnbereich definiert und den Raum optisch gliedert.

# 6. März

*Notizen / Geburtstage*

Standard-Problem in der Küche: Zu viele Dinge werden auf sehr engem Raum untergebracht. So entsteht Unordnung. Das betrifft sowohl das Regal im Kleinen, wie die zugestellte Küche im Großen. Was entsteht, ist Enge. Und Enge verhindert freies Bewegen und einen freien Energiefluss, bedeutet Stillstand und beeinträchtigt einerseits alles, was mit Kochen und Essen zu hat und andererseits den jeweiligen Lebensbereich, widergespiegelt im Bagua.
Keine Ordnung in der Küche heißt: schwer durchatmen, keine Energie tanken, wenig Erholung beim Essen. Sie haben zwei Möglichkeiten: entweder Sie schaffen mehr Platz, indem Sie Dinge loswerden, oder Sie brauchen eine größere Küche.
Übersichtlich sind die Tassen in der vorgestellten Küche aufgehängt und sehen dazu noch hübsch aus. Wichtig ist, dass sie regelmäßig benutzt werden.

# 7. März

*Notizen / Geburtstage*

Im Bad gibt es viel Wasser. Frisch kommt es aus dem Hahn, verschmutzt fließt es wieder ab. Wasser steht im Feng Shui für Lebensenergie und Geld. Verschwindet da also unser Geld im Abwassersystem? Man könnte sagen, es geht Energie verloren – aber mit bewusster Gestaltung können wir gegensteuern.
Pflanzen, Farben, reflektierendes Material wie Gold, Silber und Glas binden und aktivieren das Chi. Vor allem die emporstrebende Kraft des Holzelements bremst den abwärtsgerichteten Energiefluss. Pflanzen sind da perfekt. Reicht das Licht nicht, können Sie auch Bilder von Pflanzen, die Farbe Grün und Holzelemente (siehe Foto) einsetzen.
Grundsätzlich gilt im Bad: Reparieren Sie alles, was nicht funktioniert. Verstopfte Rohre, schlecht abfließendes Wasser, tropfende Wasserhähne – all das kann sich negativ auf Ihre Gesundheit und finanzielle Situation auswirken.

# 8. März

*Notizen / Geburtstage*

Erleben Sie in Ihrer Familie eher Unterstützung und Rückhalt? Oder sind Sie auf Ihre Verwandtschaft nicht so gut zu sprechen?
Schwierige Familiensituationen und Konflikte mit Eltern belasten Sie und rauben Ihnen Energie. Doch die Familie ist nun mal da – weder austauschbar noch reklamierbar. Es ist wirklich wichtig für Ihr Leben, dieses Thema zu klären. Zahlreiche Seminare sind hierauf spezialisiert, und auch Maßnahmen im Feng Shui können dazu beitragen, das Thema Familie zu harmonisieren.
Der Bagua-Bereich Familie befindet sich im Haus, vom Eingang aus betrachtet, in der Mitte links. Dieser Bereich ist im Ungleichgewicht, wenn Sie hier Fehlbereiche, eine ungünstige Raumnutzung, ein besonderes Chaos oder einfach nur Unordnung haben. Und im Leben fehlt uns Energie, wir fühlen uns antriebslos und haben Probleme, Neues zu beginnen, Dinge zu verändern. Ein harmonischer Energiefluss im Bereich Familie lässt sich wiederherstellen: zuerst durch Aufräumen und Entrümpeln, dann mit frischer Energie. Mehr erfahren Sie am 22. Mai und am 18. August.

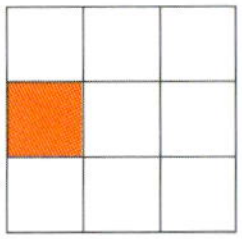

# 9. März

*Notizen / Geburtstage*

Die Herausforderung mit der Treppe: Im Aufstieg will man die Energie leicht nach oben kriegen, im Abstieg jedoch nur langsam nach unten. Sonst stürzt der Energiefluss sozusagen die Treppe hinunter, schlimmstenfalls gleich zur Haustüre hinaus (mehr dazu am 25. März). Vor allem einläufige, gerade Treppen beschleunigen das Tempo. Bei einer geschwungenen Treppe entsteht durch die sanfte Kurve eine natürliche Bremse. Wie auf dem Foto: Die Treppe nimmt den Energiefluss auf und leitet ihn in einem sanften Schwung nach oben und in einer fließenden Abwärtsbewegung zurück in den Wohnraum. Die geschlossenen Stufen und massive Brüstung vermitteln ein Gefühl von Sicherheit und verhindern, dass das Chi zu allen Seiten weggefegt wird. Offene Setzstufen nehmen einer Treppe die Massivität, bieten jedoch dem Energiefluss keinen Halt.

# 10. März

*Notizen / Geburtstage*

Ein sehr freundlicher Raum und liebevoll dekorierter Tisch: Blumen, Dekorationen und alle Objekte sind bewusst ausgewählt und platziert und schaffen eine persönliche und behagliche Stimmung. Wählen Sie für Ihren Essbereich nur Dinge aus, die Sie wirklich mögen. Alles, was Sie nicht inspiriert oder sogar belastet, stört den gesamten Essvorgang – den Genuss beim Essen, die Gesundheit und nicht zuletzt die Stimmung am Tisch.

# 12. März

*Notizen / Geburtstage*

Im Schlafzimmer ist Ruhe erwünscht, denn hier wollen Sie abschalten und entspannen. Dazu trägt sicher eine klare und reduzierte Einrichtung bei, wie auf dem Foto. Auch die aktive Sonnenenergie wird durch das kleine Fenster eingeschränkt. Alles in allem strahlt dieser Raum Klarheit und Zurückgezogenheit aus.
Kurz zur Farbe Rot: Sie beschleunigt den Puls. Für Ihren entspannten Schlaf weniger geeignet, für Ihr Liebesleben umso mehr. Denn Rottöne – wohl dosiert – eignen sich wunderbar, um Leidenschaft zu entfachen. Bestimmen Sie selber, wie viel Feuer Ihrem Liebesleben guttut, aber achten Sie darauf, dass Ihr Schlaf nicht zu kurz kommt! Eine sinnliche Atmosphäre können Sie auch mit Bildern erzeugen. Ein erotisches Kunstwerk am Bett, und das gute Buch bleibt liegen.

# 13. März

*Notizen / Geburtstage*

Grau ist der Inbegriff von Zurückhaltung. Diese neutrale Farbe kann ebenso sachlich und elegant wie leblos wirken. Grau verstärkt trübe und träge Stimmungen. Denken Sie an einen grauen Novembertag. Wenn Sie also mehr Freude und Vitalität haben wollen, verwenden Sie möglichst wenig Grau in Ihrer Wohnung und verleihen Sie Ihrem Leben mehr Farbe.
Die halb transparenten Vorhänge in hellem Grau sind leicht und unauffällig und vertragen sich gut mit farbigen Möbeln und Dekorationen.

# 14. März

*Notizen / Geburtstage*

Auch hier geht's um Ordnung: diese beiden Regale bieten wirklich ausreichend Platz. Dennoch sind auch große Stauräume häufig bis zum Anschlag vollgestopft. Es handelt sich hier augenscheinlich um ein Prinzip und nicht um zu wenig Platz.

Sich von Büchern zu trennen, ist ein besonders schwieriges Thema. Bücher sind für viele Menschen irgendwie heilig, unantastbar, das Entsorgen ein Tabu. Doch mal ehrlich: Manche Bücher fanden Sie langweilig, Sie haben sie nie zu Ende gelesen, würden sie nie an Ihre Freundin verleihen, manche Nachschlagewerke haben Sie noch nie benutzt und manch einer Botschaft stehen Sie kritisch gegenüber. Ein schöner Satz der Autorin Karen Kingston zum Thema Bücher lautet: Schaffen Sie sich eine „Sammlung, die Sie so repräsentiert, wie Sie heute sind und morgen sein wollen".

Damit machen Sie Platz für neues Denken und neue Ideen – und, wenn bisher die Bücher Ihre wichtigsten Begleiter waren – auch Platz für neue Menschen.

# 15. März

*Notizen / Geburtstage*

In der Küche ein absolutes Muss: eine gute Belichtung und Beleuchtung. Allein schon, damit Sie sich nicht in den Finger schneiden, und auch, um Ihre Müdigkeit am Morgen zu vertreiben. Helles Licht an den Arbeitsflächen aktiviert und lässt Sie sicherer und konzentrierter arbeiten. Ein großes Fenster, siehe Foto, sorgt für frische Luft und natürliches Licht und bietet dazu noch einen schönen Ausblick.

Übrigens: Klassische Neonröhren machen ein kaltes Licht und sind eher ungemütlich – Leuchtstoffröhren mit Tageslichtcharakter wirken viel angenehmer.

Auch grüne Pflanzen erfrischen den Raum. In der Küche bieten sich vor allem Töpfe mit duftenden Kräutern oder Obstschalen an. Beide unterstützen die Holzenergie.

# 16. März

*Notizen / Geburtstage*

So macht Kochen Spaß – ganz anders als in einer engen, isolierten Küche. Ein freier Blick vom Herd zum Essraum fördert beim Zubereiten den Kontakt zur Familie und zu den Gästen. Die Herausforderung an den Koch oder die Köchin: die Küche immer einigermaßen aufgeräumt zu halten – was, abgesehen von einem erfreulichen Anblick, auch gut fürs Chi ist.
Kurz zu den Elementen: In dieser Küche dominiert das Element Erde zusammen mit geometrischen, eckigen Formen. Wer hier wohnt, mag Ordnung, Struktur und Beständigkeit. Gekocht wird hier sicher gut und qualitätsvoll, vielleicht weniger spontan und experimentierfreudig.

# 17. März

*Notizen / Geburtstage*

Es darf gerne etwas mehr sein – finden viele Menschen, wenn es ums Geld geht. Vielleicht warten Sie schon darauf, endlich etwas über die Reichtumsecke zu lesen. Doch vorab: Keine noch so schöne Reichtumszone verändert etwas, wenn Sie mit Ihrer inneren Einstellung den Reichtum verhindern.

Hinter dem Wunsch nach mehr Geld steckt ein Erleben von Mangel. Was Sie haben, reicht nicht. Und dann kommt endlich die Gehaltserhöhung, und irgendwie reicht es immer noch nicht. Tatsache ist: In einem Denken von Mangel können Sie verdienen, was Sie wollen, Sie finden es nie genug, denn Sie füllen ein Fass ohne Boden. Unser Tipp: Entfernen Sie alles aus Ihrer Wohnung, was Sie an Mangel erinnert und richten Sie Ihre Aufmerksamkeit auf die Fülle in Ihrem Leben. Das gibt Ihnen Kraft, sich Ihren Zielen zu widmen und mit Freude mehr zu verdienen. Sie wissen schon: das halbleere und halbvolle Glas ...

Violett ist eine exklusive Farbe, die an Reichtum, Macht und Würde erinnert. Schalen zum Sammeln von Fülle, die Farbe Gold und fließende Formen sind hier förderlich!

# 18. März

*Notizen / Geburtstage*

Sie wollen zu Hause arbeiten und fragen sich, wo im Haus Sie das Arbeitszimmer einrichten. Haben Sie Kundenkontakt, dann wählen Sie einen Raum in der Nähe des Eingangs, sodass private Bereiche vom Kommen und Gehen der Menschen nicht gestört werden. Wenn möglich sogar mit eigenem Eingang. Das hilft, Arbeit und Privatleben voneinander zu trennen.

Ruhiges und konzentriertes Arbeiten ist besser im rückwärtigen Teil des Hauses aufgehoben. Ein Arbeitszimmer unterm Dach hat allerdings eine beherrschende Position im Haus. Möglicherweise nimmt viel Arbeit dann eine dominierende Rolle in Ihrem Leben ein.

Von diesem Schreibtisch hat man einen guten Überblick. Die weiße Blume fördert Konzentration und Kreativität. Wenn möglich, setzen Sie sich mit dem Rücken zur Wand und nicht schräg zu einer Ecke. Der Energiefluss wird durch den rechten Winkel zerschnitten – was allerdings in diesem Fall durch den weichen Vorhang gemildert wird.

# 20. März

*Notizen / Geburtstage*

Kennen Sie das wunderbare Gefühl, sich wirklich in Ihrer Mitte zu fühlen? Sie sind gelassen, Sie machen sich keine Sorgen und nehmen das Leben, wie es ist. Wie anders ist es doch, wenn es uns nicht so gut geht. Da reicht schon, dass die Milch überkocht, um uns aus der Fassung zu bringen.
Das Tai Chi, die Mitte des Hauses, steht für innere Kraft und damit für Gesundheit und Vitalität. Vergleichbar mit der Körpermitte, ist es das Zentrum des Bagua. Es hat Einfluss auf alle anderen Bagua-Bereiche.
Eine starke Mitte ist die Basis für Gesundheit und Wohlergehen im Leben. Das Tai Chi sollte frei und unverstellt sein. Ein zentraler offener Raum, wie auf dem Foto, ist günstig. Der Tisch mit Blumen sollte auf jeden Fall den Mittelpunkt freilassen. Schauen Sie mal nach: Was befindet sich in der Mitte von Ihrem Zuhause?

# 21. März

*Notizen / Geburtstage*

Grübeln Sie viel? Versinken Sie manchmal in Ihren Gedanken? Nun, diese Esszimmer-Gestaltung mit ihren dunklen Farben und geschwungenen Formen ist deutlich vom Element Wasser geprägt und fördert Ruhe und Stille.
Für Menschen mit einem hektischen Leben durchaus ein beruhigender Ort. Sind Sie eher der nachdenkliche und zurückgezogene Typ, vielleicht ein wenig zu meditativ? Wollen Sie lieber mehr Freunde in Ihr Leben einladen, dann schaffen Sie mit mehr Farbe eine heitere und offene Atmosphäre. So ist das mit dem Feng Shui, es gibt kein Richtig oder Falsch, sondern nur, was für Sie förderlich ist.

*Es gibt niemanden, der nicht isst und trinkt, aber nur wenige, die den Geschmack zu schätzen wissen.* Konfuzius

# 22. März

*Notizen / Geburtstage*

Viel Feuer bedeutet viel Energie, doch am Ende verzehrt es sich selber. Wer sich gar zu launisch oder zu impulsiv findet, hat viel Feuerenergie und Schwierigkeiten, Dinge zu Ende zu bringen.

Das Schöne am System der fünf Elemente ist: Sie können immer ein Gleichgewicht wiederherstellen. Und das nicht nur, indem Sie das Element Feuer in der Wohnung reduzieren, sondern auch, indem Sie Erde und Wasser in der Wohnung stärken. Denn Wasser löscht und Erde verbraucht Feuer. Integrieren Sie also Wasser- und Erdelemente. Wasser in Schalen, fließende Formen und die Farben Schwarz und Blau kühlen das Feuer ab. Erde, Stein, die Farbe Gelb und stabile und quadratische Formen verbrauchen das Feuer.

Hier auf dem Foto kühlen das blaue Regal und die blaue Vase die Feuerenergie im leuchtenden Rot der Blumen.

# 23. März

*Notizen / Geburtstage*

In einem sehr großen Raum kann die Energie frei fließen. Möbel, Lampen und Accessoires kommen gut zur Geltung, viele Menschen haben Platz. Manche Wohnzimmer sind so voll gestellt, dass weder für Energie noch für Menschen Raum übrig bleibt.

In diesem Wohnraum geht es allerdings eher darum, die Energie einzugrenzen. Denn ist der Raum sehr groß, verliert sich die Energie. Dient der Raum meist für offizielle Anlässe, dann stört das nicht weiter. Wenn Sie sich gerne auch mit einem Buch auf dem Sofa entspannen wollen, ist eine behagliche Stimmung angenehmer.

Mit Möbeln, Teppichen und gezielter Beleuchtung können Sie den Raum in Zonen aufteilen und geschützte Bereiche schaffen.

# 24. März

*Notizen / Geburtstage*

Gestalten Sie Ihren Flur frei und übersichtlich. Dafür ist es wichtig, dass dort nur Dinge sind, die Sie wirklich brauchen, und dass alles seinen festen Platz hat. In einem großzügigen Flur dürfen auch gerne die Cityroller parken. Wenn Sie aber die Möglichkeit haben, lassen Sie sie besser außerhalb der Wohnung, zusammen mit dem Staub der Straße.

Gibt es eine ausreichend große Garderobe und haben Schuhe ihren Platz im Regal oder Schrank? Dann stolpert auch niemand darüber. Besonders ein kleiner Flur sollte aufgeräumt sein. Denn Dinge, die den Weg versperren, stehen für Hindernisse in Ihrem Leben. Platzieren Sie Möbel so, dass genügend Bewegungsfreiheit bleibt. Macht eine Kommode den Durchgang zu einem Nadelöhr, dann kann es sein, dass Sie auch sonst in Ihrem Leben schwer vorwärtskommen.

micro

# 25. März

*Notizen / Geburtstage*

Ungewöhnlich ist diese Situation im Flur nicht: Haustüre und Treppe sind schließlich oft in unmittelbarer Nähe angeordnet. Läuft die Treppe direkt auf die Eingangstür zu, dann entwischt das Chi sozusagen mit enormer Beschleunigung nach draußen. Wo es doch im Haus verweilen, schwingen und Ihre Räume beleben soll.

Abhilfe schaffen Sie mit Maßnahmen, die den Fluss bremsen. Der Tisch ist ein Anfang, braucht allerdings noch Verstärkung. Seine runde Form ist vorteilhaft, weil sich keine scharfen Kanten auf die Bewohner richten. Zusätzlich können Sie mit Bodenbelag, Bildern und Farbe die Aufmerksamkeit im Raum halten. Auch eine Lampe, die die Achse unterbricht, verhindert, dass Lebenskraft und mit ihr Gesundheit, Glück und Geld entweichen.

# 26. März

*Notizen / Geburtstage*

Sie wollen Ihre Beziehung zu Ihrer Familie stärken, harmonisieren, auffrischen? Tatsache ist: Der erste Schritt für einen positiven Energiefluss in diesem Bereich ist Aufräumen und Ausmisten.
Entfernen Sie alles, was nicht funktioniert, was Sie nicht lieben oder regelmäßig brauchen. Dabei ist es besonders wichtig, sich von belastenden Dingen aus der Vergangenheit zu trennen. Entrümpeln hat immer mit Loslassen zu tun. Wollen Sie sich von alten Belastungen befreien, ist besonders in diesem Bereich des Bagua ein gründliches Aufräumen förderlich. Fragen Sie sich bei jedem Gegenstand, ob Sie wirklich nur positive Assoziationen haben. Erst danach sollten Sie einen Bereich aktivieren – zum Beispiel mit grünen Pflanzen, wie auf dem Foto. Damit unterstützen Sie die Harmonie in der Familie, Ihre eigene Energie, und Sie machen den Weg frei für einen Neuanfang.

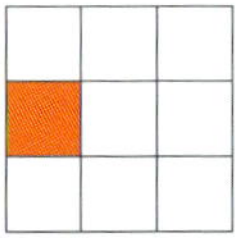

# 27. März

*Notizen / Geburtstage*

Heute geht's um Beziehungen: Erleben Sie die eher als Stress? Haben Sie Probleme mit Ihrem Partner, einen bislang unerfüllten Wunsch nach Zweisamkeit oder gar ein Gefühl von Alleinsein bis hin zu Isolation? Dann schauen Sie sich den Bereich Partnerschaft in Ihrem Zuhause an. Was genau liegt denn „hinten rechts" in Ihrer Wohnung und hinten rechts in Ihrem Schlafzimmer? Vielleicht ist gerade diese Ecke besonders unordentlich oder wird ungünstig genutzt, zum Beispiel als Arbeitszimmer oder Abstellkammer. Häufig finden sich Bilder mit Symbolik von Alleinsein oder Trennung. Schauen Sie mal nach. Sind auf Ihren Bildern eher eine, zwei oder mehrere Personen? Oder gibt es in Ihrem Partnerschaftsbereich eine Tür, die einem von Ihnen den Weg nach draußen – raus aus der Beziehung – ermöglicht, oder eine Loggia, sozusagen eine außenliegende Beziehung und damit ein Partner, der viel unterwegs ist? Eine schöne Nutzung für diesen Bereich ist das Schlafzimmer. Doch was noch wichtiger ist: Gestaltung und ein guter Energiefluss.

*Der kürzeste Weg zwischen zwei Menschen ist ein Lächeln.*

# 28. März

*Notizen / Geburtstage*

Helles Licht hilft, den Weg zu Weisheit und Wissen zu erhellen. Das Feuermerkmal Licht stärkt also den erdverbundenen Bereich Wissen. Im Bagua liegt dieser Bereich im vorderen linken Feld. Worum es hier genau geht, lesen Sie am 23. April. Doch schon mal vorab: Gestalten Sie diesen Bereich „erdig“. Gegenstände aus Stein oder Terrakotta, Erdfarben, Gelb und stabile Formen passen gut hierher. Interessant ist auch die Beziehung der diagonalen Bagua-Bereiche Wissen und Partnerschaft: Wer mit sich selbst in Frieden ist, kann eine glückliche Beziehung leben. Wenn Sie sich eine Partnerschaft wünschen, dann verschönern Sie auch diesen Bereich!

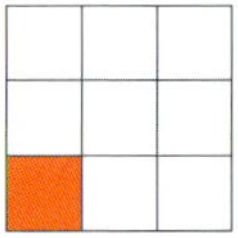

# 29. März

*Notizen / Geburtstage*

Die geometrische Figur des Kreises verkörpert das Element Metall. Die Energie des Metalls ist nach innen gerichtet. Hier geht es um die Kraft der Konzentration, der Reflexion, der Präzision und Vollständigkeit. In der Natur wird die Metallenergie symbolisiert durch den Abend, den Sonnenuntergang und den Herbst – Phasen der Vollendung, der Reflexion und der Ruhe.

Zusammengefasst steht Metall für folgende Fähigkeiten im Leben: Konzentration, analytisches Denken und exaktes Arbeiten, sich präzise Ausdrücken und entschlossenes Handeln, sowie die Fähigkeit, Dinge fertig zu machen und Beziehungen zu vervollständigen.

# 30. März

*Notizen / Geburtstage*

Was wäre der Frühling ohne Tulpen! In allen Farben und üppigen Sträußen erfrischen sie jeden Raum – eine wahre Fülle. Mischen Sie ruhig alle Tulpenfarben in einem großen Strauß miteinander – gute Laune ist garantiert.
Tulpen blühen auch im Topf auf dem Balkon und natürlich im Garten. Sie überwintern in der Zwiebel, in der sie ihre ganze Kraft speichern. Ein schönes Symbol für Aufbruch, Leben und Wachstum.

# 31. März

*Notizen / Geburtstage*

„Wohnlich“ ist wohl die passende Beschreibung für diesen Raum. Hier wechseln sich runde und eckige Formen, harte und weiche Materialien, zurückhaltende und leuchtende Farben ab. So sieht eine ausgewogene Gestaltung aus, ausgewogen sowohl im Hinblick auf die fünf Elemente, als auch auf die Yin- und Yang-Qualitäten. Kein Wunder, dass Hund sich da wohl fühlt.
Übrigens: Achten Sie mal darauf, welche Plätze Ihr Hund in der Wohnung bevorzugt. Hat Ihr Hund eine Vorliebe für die Beziehungsecke oder Ihr gemütliches Zweiersofa, kann es sein, dass Sie Ihren Partner hinter Ihr Haustier stellen.

# 1. April

*Notizen / Geburtstage*

Das Prinzip von Yin und Yang ist nicht nur trockene Theorie, sondern eine ganz praktische Methode, Räume zu analysieren.
Dabei unterscheiden wir Yin- und Yang-Raumnutzungen, -Oberflächen, -Materialien und -Farben. Die Qualität Ihres ruhigen Schlafzimmers (Yin) unterscheidet sich definitiv vom belebten Familienraum (Yang), das sonnendurchflutete Wohnzimmer vom dunklen Bad. Spielen Sie mit den Möglichkeiten. Gedeckte Farben, weiche Oberflächen und eine schlichte Gestaltung geben Räumen eine ruhige Yin-Stimmung. Knallige Farben und glänzende Oberflächen erzeugen das Gegenteil. Noch mehr zu Yin und Yang lesen Sie im Vorwort.
Wie viel Aktivität darf's denn sein? Ein Fensterladen reguliert den Lichteinfall (Yang) genauso wie Vorhänge und bestimmt, wie viel aktive Yang-Energie Ihre vier Wände durchströmt.

# 3. April

*Notizen / Geburtstage*

Wände stehen nun mal da wo sie stehen. Sie haben sich Ihre Wohnung angeschaut und festgestellt, dass der Bagua-Bereich Partnerschaft im Grundriss fehlt oder sich in genau diesem Bereich – anstelle einer schönen Sofaecke – eine Abstellkammer befindet, die sich beim besten Willen nicht verschieben lässt. Ebenfalls ungünstig ist, wenn im Schlafzimmer diese Ecke abgeschnitten ist.
Um trotzdem das Thema Beziehungen in Ihrer Wohnung sichtbar und lebendig zu machen, können Sie diesen Bereich in allen Zimmern der Wohnung betonen. Platzieren Sie einfach in der jeweiligen Ecke (hinten rechts, vom Zimmereingang betrachtet) Symbole, die für Sie Partnerschaft bedeuten – mehr dazu am 8. Dezember. Und wie immer: Entfernen Sie alles Gerümpel!

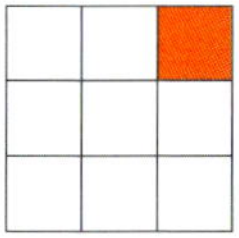

# 4. April

*Notizen / Geburtstage*

Kinder sind unterschiedlich. Während die einen polternd und laut daherkommen, sind die anderen eher abwartend und still. Auf diese unterschiedlichen Temperamente haben Farben im Kinderzimmer eine große Wirkung. Leuchtende Yang-Farben wie Rot, Gelb und Orange haben die Kraft, ein ruhiges und verschlossenes Kind anzuregen. Blau- und Grüntöne zählen zu den Yin-Farben und tun sehr lebhaften Kindern gut. Sie gehören in jedem Fall in den Schlafbereich. Lassen Sie Ihr Kind bei der Gestaltung mit entscheiden, denn es soll ja schließlich dort wohnen, und Kinder wissen häufig am besten, was ihnen gut tut.

# 5. April

*Notizen / Geburtstage*

Unverzichtbar in einem Bad, das Ihre Bedürfnisse perfekt erfüllt: eine gute Beleuchtung. Sorgen Sie für ausreichend Licht am Waschbecken, am besten eine helle und gleichzeitig warme Beleuchtung. Erstens erleichtert es das Schminken, zweitens hilft es, die Montagmorgen-Müdigkeit zu vertreiben – und drittens: Wer will schon täglich in kaltes Neonlicht schauen, in dem er blass und krank aussieht. Das wäre kein guter Start in den Tag!
Zwei Lampen rechts und links vom Spiegel leuchten den Bereich am Waschbecken gut aus und verhindern störende Schatten.

# 6. April

*Notizen / Geburtstage*

Die Küche ist das Herz der Wohnung, der Herd das Herz der Küche. An einem guten Herd macht Kochen Spaß – doch im Feng Shui kommt es weniger auf einen teuren Profi-Herd an, als vielmehr darauf, dass der Herd vollständig funktioniert. Als Symbol für Wohlstand wird dem Herd besondere Aufmerksamkeit geschenkt. Defekte Platten, aber auch unbenutzte und verschmutzte, stehen für Stagnation und ungenutzte Ressourcen in Ihrem Leben. Schöpfen Sie alle Ihre Möglichkeiten aus und nutzen Sie das ganze Herd-Spielfeld!
Als hochenergetisches Teil gehört er zum Feuerelement, weshalb ein Gasherd mit sichtbaren Flammen einem Elektroherd vorzuziehen ist. Die Anzahl der Platten steht übrigens symbolisch für den Wohlstand der Familie.

Vorspeisen
TOSKANA
Die Sprache der Küche

# 7. April

*Notizen / Geburtstage*

So selbstverständlich wie die Luft zum Atmen ist für uns die Erde, der Boden, auf dem wir uns bewegen. Ohne Erde kein Leben und kein Wachstum.
Die Erde ist ein Element im Kreislauf der fünf Energien. Sie beschreibt eine bodenständige, geradlinige Energie mit den Eigenschaften Ehrlichkeit und Verlässlichkeit.
Wer geerdet ist, festen Boden unter den Füßen hat, der erlebt Stabilität und Sicherheit – auch das sind Qualitäten, die zur Erdenergie gehören. Sie steht für den Spätsommer, den Spätnachmittag, die Zeit der Ernte und die Farbe Gelb.
Die niedrige, breite Form des Tisches, das Keramikgeschirr, die weichen Sitzkissen und gelben Blumen, das Sitzen auf der Erde – all das fördert die Verbundenheit mit dem Element Erde.

# 8. April

*Notizen / Geburtstage*

Ein einladender Essplatz mit Blick ins Grüne, hier trinkt man doch gerne seinen Tee! Der runde Tisch hat mehrere Vorteile: Er ist gut für die Kommunikation. Dann hat er einen eindeutigen Mittelpunkt – jeder sitzt gleich weit davon entfernt, alle Positionen am Tisch sind gleichwertig. Das fördert kreative und lebendige Gespräche. Manchmal kann es hier auch chaotisch werden. Rechteckige Tische geben mehr Struktur vor und unterstützen Konzentration und Klarheit. Grundsätzlich sind im Feng Shui alle Tischformen mit ausgewogener Geometrie günstig: quadratische, rechteckige, runde, ovale und achteckige Tische. Asymmetrische Formen, sagt man, führen zu Streit und Disharmonie.

*Mach dir keine Sorgen darüber, dass die Menschen dich nicht kennen, sondern darüber, dass du sie nicht kennst.* Konfuzius

# 9. April

*Notizen / Geburtstage*

Frische Blumen sind die einfachste Möglichkeit, einen Raum zu beleben. Und eine der schönsten. Blumen duften und bringen Vitalität und Farbe. Sie heben das Energieniveau im Raum an und wirken anregend auf den jeweiligen Bagua-Bereich in Ihrem Haus. Da in unserer Kultur Blumen auch ein Zeichen von Wertschätzung sind, geben sie Ihnen ein positives Gefühl, wann immer Sie sie anschauen. Gönnen Sie sich also öfter mal einen Strauß.
Welke Blumen sollten Sie ganz schnell entfernen, denn sie transportieren die Energie von verwelkendem Leben. Ähnliches gilt für Trockenblumensträuße: Sie stehen für vertrocknetes Leben, mal abgesehen davon, dass sie wahre Staubfänger sind!

# 10. April

*Notizen / Geburtstage*

In vielen Wohnzeitschriften geht der Trend zu einer sehr einheitlichen und daher oft einseitigen Gestaltung von Räumen, zur Variation eines Farbtons und zu Wiederholungen von bestimmten Formen und Elementen – zum Beispiel Wohnzimmer in Blautönen, Küche in Rot. Das wirkt zwar auf den ersten Blick ganz schick, weil homogen und reduziert, letztendlich ist es jedoch fantasielos und ohne Leben.
Wenn in der Wohnung alle fünf Elemente zusammenspielen – alle Farben, alle Formen und Materialien – sind damit auch alle Möglichkeiten, die in jedem Element stecken, vorhanden. Dadurch entsteht ein Umfeld von Vielfalt und Fülle, das Zuhause wird zu einer Quelle der Kraft.
Ein ausgewogenes Arrangement: Form und Material der Schale stehen für das Element Metall, die Glasvase für Wasser, die Äpfel für Holz, die Teelichter für Feuer und der quadratische Kaminausschnitt für Erde.

# 11. April

*Notizen / Geburtstage*

Was können Sie tun, um die Energie im Bereich Partnerschaft zu stärken? Schaffen Sie mit runden (Tischen) und weichen Formen, Kissen, Wohlfühl-Stoffen und Kerzen eine kuschelige und warme Atmosphäre. Und weil die Zone Partnerschaft mit dem Element der Erde verbunden ist, passen Gelb und alle Erdfarben, liegende und stabile Formen (Sofa) gut in diesen Bereich des Bagua. Entfernen Sie scharfkantige Gegenstände und Möbel. Integrieren Sie Rot, in Maßen. Es unterstützt die Erde und regt Liebe und Leidenschaft an. Geben Sie sich Mühe! Gestalten Sie diesen Bereich besonders liebevoll, das tut Ihrer Partnerschaft und allen Beziehungen gut.

*Der Edle strebt nach Harmonie,*
*nicht nach Gleichheit.*
*Der Gemeine strebt nach*
*Gleichheit, nicht nach Harmonie.* Konfuzius

# 13. April

*Notizen / Geburtstage*

Wenn die Osterglocken blühen, wissen wir: Der Frühling ist da!
Blumen beleben, erfrischen und spenden Energie. Eine schöne Alternative zu den Schnittblumen sind blühende Topfpflanzen. Nach der Blüte können sie in den Garten oder auf den Balkon gepflanzt werden. Besonders effektvoll wirken mehrere gleiche Blumen, nebeneinander arrangiert.
Wenn Sie Ihre Topfpflanzen der Jahreszeit anpassen, integrieren Sie auch den Wandel der Natur, die Kraft der Bewegung und Veränderung in die Wohnung.

# 15. April

*Notizen / Geburtstage*

Kinder haben eine natürliche Lebendigkeit und Begeisterung. Wild und laut geht es oft im Kinderzimmer zu, vor allem, wenn sich Geschwister ein Zimmer teilen. Umso wichtiger, dass sie in der Nacht 100 Prozent zur Ruhe kommen. Hier gilt unser erster Blick dem Bett. Denn Kinder erleben und lernen jeden Tag viel, verändern sich täglich und brauchen in der Nacht einen sicheren und geborgenen Schlafplatz.

Dabei sollte das Bett eine sichere Position im Raum einnehmen. Die Kinder sollten die Tür im Blick haben und eine Wand im Rücken – sie sollten nicht in der Achse zwischen Tür und Fenster liegen. Wenn das nicht anders geht, dann können Sie das Bett zum Beispiel mit einem Regal abschirmen.

Die blaue Farbe des Bettbezugs eignet sich gut, um sehr aktive und unruhige Kinder etwas herunterzukühlen. Ruhige bis träge Kinder können gut mehr Farbe vertragen, wie Gelb, Orange oder Rosa. So können Sie je nach Wesen Ihres Kindes Yin- oder Yang-Farben einsetzen.

# 17. April

*Notizen / Geburtstage*

Entspannen, Ruhen und Schlafen sind Yin-Vorgänge von passiver Qualität. In Ihrem Schlafzimmer können Sie Ruhe und Entspannung unterstützen, indem Sie nach dem Prinzip von Yin und Yang einen leichten Yin-Überschuss erzeugen. Dies geschieht durch den Einsatz von Farben, Licht, Material und auch Möbeln: Ins Schlafzimmer passen ruhige Farben, wie Beige- und Braun-Töne, zartes Rosa, Hellblau, Hellgrün. Gedämpftes Licht erreichen Sie durch entsprechende Beleuchtung und Vorhänge vor dem Fenster. Auch weiche Materialien tragen weibliche Yin-Energie. Schwere Möbel erzeugen Ruhe, Solidität und Sicherheit. Hier wäre ein Spiegel, der die Tür sichtbar macht, empfehlenswert. Falls es sich um die Tür zum Badezimmer handelt, sollte diese immer geschlossen bleiben.

# 18. April

*Notizen / Geburtstage*

Das Element Metall unterstützt die Konzentration. Vielleicht sagen Sie, diese Fähigkeit gehört ins Büro, an Ihren Arbeitsplatz, und Sie haben Recht. Metall erzeugt eine nüchterne und konzentrierte Atmosphäre und ist besonders geeignet für die Gestaltung eines Büros oder Besprechungszimmers.
Dennoch: Auch zu Hause gibt es Tätigkeiten, die Konzentration erfordern, sind klare Gedankengänge immer von Vorteil – und nicht nur, wenn es um die Ausrichtung auf Ihre Wünsche und Ziele geht Das Metallelement sollte auf jeden Fall einen Platz in Ihrem Zuhause haben – konkret: in Weiß und hellen Grautönen, Silber- und Goldfarben, dem Material Metall in Möbeln, Objekten, Einrichtungselementen, sowie Kugeln, Kreisen und Ovalen. Das Tischchen auf dem Foto mit Lampe und viel Metallenergie ist ein schönes Beispiel.

*Etwas lernen und sich immer wieder darin üben – schafft das nicht auch Befriedigung?* Konfuzius

# 19. April

*Notizen / Geburtstage*

Ein Zimmer nur für Gäste – ein wunderbarer Luxus. Denn ein Gästezimmer schafft Raum und Möglichkeit für entspannte Besuche. Gut, wenn Sie gerne Besuch haben oder mehr Menschen zu sich einladen wollen. Oft wird das Gästezimmer allerdings außer zu Weihnachten und Ostern nicht genutzt, oder schlimmer noch: Es verkommt zur Rumpelkammer. Das ist ungünstig! So entsteht ein ungenutzter, praktisch toter Bereich, ohne Energie. Übertragen bedeutet das: Eine bestimmte Zone des Bagua und damit ein Lebensthema wird komplett vernachlässigt.

Beleben Sie Ihr Gästezimmer. Vielleicht nutzen Sie den Raum auch als Rückzugszimmer, Meditationsraum oder Arbeitsplatz.

Die Farbe Rot in diesem Gästezimmer ist freundlich belebend. Besser schlafen würde Ihr Besuch allerdings in beruhigenden Yin-Farben (vergleiche dazu „Schlafzimmer“).

# 20. April

*Notizen / Geburtstage*

Gelb ist die Farbe der Sonne, weckt Fröhlichkeit, Optimismus und gute Laune. Daher spricht man auch vom „sonnigen Gemüt".
Auf körperlicher Ebene stärkt Gelb das Nervensystem, wirkt stabilisierend und kräftigend. Es regt den Stoffwechsel und Appetit an.
Gelb ist eine Yang-Farbe, macht Geist und Körper wach und aufmerksam. Gelb ähnelt Gold und wird auch mit Reichtum und Erkenntnis assoziiert. Gelbe Accessoires oder Flächen an der Wand haben also in jeder Wohnung eine positive Wirkung. Ein gelber Vorhang erstrahlt mit der Kraft der Sonne und erfüllt den Raum mit Wärme und Leben.

# 21. April

*Notizen / Geburtstage*

Und weiter geht's mit unserem Dauerthema Entrümpeln. Forsten Sie doch mal Ihre Küchenschränke durch! Was zählt zu Gerümpel? Alle Dinge, die defekt sind oder nicht 100-prozentig funktionieren. Und alles, was unfertig und unvollständig ist. Jawohl, in Küchenschränken lässt sich jede Menge unterbringen: Tür zu und fertig. Doch der kaputte Mixer oder der angeschlagene Teller sind auch hinter verschlossener Tür präsent – und zwar in Ihrem Kopf. Es kostet ungeheuer viel Energie, das zu verdrängen.

Viele unfertige und defekte Dinge haben häufig eine Parallele in Ihrem Leben und zwar in unfertigen Projekten oder unvollständigen Beziehungen. Menschen, mit denen Sie im Streit oder dem Gefühl, etwas nicht gesagt zu haben, auseinander gegangen sind. Das zu unterdrücken, kostet Energie – und manchen sogar seine Gesundheit. Wenn Sie diese Energie frei setzen wollen, dann reparieren oder entsorgen Sie alles, was kaputt ist und nicht funktioniert. Und wenn Sie sich phänomenal gut fühlen wollen, dann fangen Sie an, Ihre Beziehungen zu klären.

# 22. April

*Notizen / Geburtstage*

Licht ist im Feng Shui ein wichtiges Hilfsmittel, weil es Energie lenkt. Richtig platziert, belebt eine Leuchte einen dunklen Bereich in der Wohnung. Dabei aktiviert sie den jeweiligen Bagua-Bereich und wirkt ausgleichend bei Fehlbereichen oder in schwierigen räumlichen Situationen, wie niedrigen und schrägen Decken.

Eine indirekte Beleuchtung unterstützt die ruhige und entspannte Stimmung im Bad und zieht die Aufmerksamkeit in den rückwärtigen, innenliegenden Bereich des Raums.

# 23. April

*Notizen / Geburtstage*

In der Ruhe liegt die Kraft: Das Wesen des Bagua-Bereichs Wissen ist die Stille. Inneres Wissen, wie Intuition und Weisheit und intellektuelles Wissen gehören in diesen Bagua-Bereich. Konkret: das Studium, Bildung, Bücher und alles Lernmaterial, aber auch Meditation und Nachdenken. Lernen braucht Ruhe, und den Zugang zu unserem inneren Wissen finden wir auch meist am besten in Stille und Zurückgezogenheit.

Wozu das Ganze? Wissen ist Voraussetzung für Weiterbildung und Weiterentwicklung im Leben. Sich besinnen auf sein inneres Wissen, öffnet die Tür zu unserer ureigenen Weisheit und zu innerem Frieden – eine Quelle großer Kraft für die Herausforderungen des Lebens.

Nur wenige Momente der Ruhe im Trubel des Alltags verhelfen zu Klarheit und Übersicht. Manch ein Problem ist danach leichter durchschaubar, manche Fragen schon beantwortet. Wer den Kopf frei hat, hat Zugang zu seiner Intuition. Große, leere Körbe stehen für die Leere, die wir brauchen, um sie mit neuem Wissen zu füllen.

the concourse
BARBICAN

# 24. April

*Notizen / Geburtstage*

Ist Ihre Wohnung eher Yin oder Yang geprägt? Schauen Sie mal nach! Leben Sie eher in stark besonnten Räumen, mit leuchtenden Farben und glänzenden Materialien oder eher mit gedeckten Farben, weichen Oberflächen und ruhiger Gestaltung? Vielleicht stellen Sie jetzt schon bei sich eine gewisse Ausgewogenheit fest. Gut! Denn ein annäherndes Gleichgewicht ist wichtig und unterstützt die Idee der Ganzheit. Dann fühlen Sie sich wohl.
Große Fensterflächen öffnen den Raum für viel Licht und viel Yang-Energie. Zu viel davon würde Teppiche und Möbelbezüge ausbleichen. Die schweren Möbel in diesem Esszimmer, die weichen Stoffe in Braun und Schwarz sorgen für ein Gleichgewicht.

# 25. April

*Notizen / Geburtstage*

Wenn Sie das Gefühl haben, dass Ihr Leben „irgendwie auf Sparflamme“ verläuft, dann schenken Sie dem Bagua-Bereich Reichtum Ihre Aufmerksamkeit. Diese Zone finden Sie hinten links in Ihrer Wohnung.
Gibt es defekte Dinge, vollgestopfte Regale und Schränke? Erste Maßnahme ist wie immer: Ausmisten und Aufräumen!
Erst wenn Sie das erfolgreich hinter sich haben, ist es sinnvoll, diesen Bereich zu aktivieren. Grüne Pflanzen und frische Blumen sind dafür gut geeignet, da Reichtum, eng verbunden mit dem Bild des Baums, von der Holzenergie unterstützt wird. So fördern Sie Ihr persönliches Wachstum, nutzen und optimieren Ihre Fähigkeiten und öffnen die Tür für mehr Fülle.

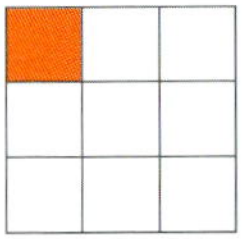

# 26. April

*Notizen / Geburtstage*

Das Element Holz steht für das natürliche Bedürfnis zu wachsen, sich zu entwickeln und Neues zu erschaffen. Menschen mit einer ausgewogenen Holzenergie haben klare Ziele und sind gleichzeitig flexibel
Wer nicht weiß, was er will, dem fehlt Holz. Menschen mit zu wenig Holzenergie haben häufig Angst vor Veränderungen, sie fühlen sich erschöpft und lethargisch. Stures Verhalten bis hin zu Rücksichtslosigkeit und jähzornige Ausbrüche weisen auf ein Übermaß an Holzenergie. Wie schätzen Sie sich selber ein?
Das Element Holz in der Fassade: günstig für Wachstum und Kreativität im Leben. Sind Sie eher der sture Typ, sollten Sie starkes Pflanzenwachstum eindämmen. Achten Sie in diesem Fall auch darauf, die Fenster freizuhalten. Ein eingeschränkter Blick kann zu einer eingeschränkten Sichtweise führen.

*Wer die hohen Berge nicht
besteigt, kennt die Ebene nicht.*

# 27. April

*Notizen / Geburtstage*

Diese Perlhyazinthen in kleinen Aluminiumtöpfen sind eine wunderbare Tischdekoration für den Gartentisch – und außerdem eine gute Alternative zu Schnittblumen. Sie passen perfekt zu der Stimmung an einem warmen Nachmittag. Denn die Farbe Blau kühlt und entspannt. Sie schafft eine ruhige Stimmung am Tisch, fördert klare Gespräche und ein harmonisches Miteinander. Dazu trägt auch die Tischwäsche in Blau-Weiß bei. Und gleichartige Töpfchen nebeneinander aufzureihen, bringt immer einen guten Deko-Effekt.

# 28. April

*Notizen / Geburtstage*

Hier ein Anbau, dort ein Einschnitt – viele Grundrisse haben keine geschlossene Rechteckform. Und, da haben Sie Recht, genau das macht Ihr Zuhause einzigartig. Im Bagua entsteht allerdings mit einer ausgeschnittenen Ecke ein Fehlbereich. Das bedeutet: Auch ein bestimmtes Lebensthema wird gewissermaßen vernachlässigt. Wenn es zum Beispiel mit Ihrem neuen Job nicht so klappt, kann es sein, dass das mit einem Fehlbereich in Ihrem Bagua-Bereich Karriere zusammenhängt. Oder Sie erkennen Parallelen zwischen einem Fehlbereich in Partnerschaft und Ihrer derzeitigen Beziehung. Optimal ist es, wenn der Fehlbereich in Ihrem Garten liegt oder in Ihrem kleinen Lichthof. Dann können Sie diesen Bereich im Außen möglichst anregend gestalten. Mit schönen Pflanzen, Töpfen und Licht. Kommt allerdings Ihr Nachbar in den Genuss Ihrer Partnerschaftsecke, dann können Sie nur in der Wohnung für Ausgleich sorgen. Lesen Sie dazu weiter am 8. November.

# 29. April

*Notizen / Geburtstage*

Ein kräftig blauer Wandanstrich wirkt inszeniert und besonders und strahlt eine gewisse Theateratmosphäre aus. In Kombination mit dem komplementären Gelborange des Durchgangs entsteht eine aktive und lebendige Raumatmosphäre. Gut zum Feiern, schlecht zum Entspannen.
Doch Vorsicht: Eine kräftige Farbe reflektiert kaum Licht und kann Räume düster und eng wirken lassen.

# 1. Mai

*Notizen / Geburtstage*

Leicht und zart, in glitzernder Glasvase, verbreitet dieser Flieder einen herrlichen Duft. Schöne Düfte beeinflussen das Chi genauso wie unangenehme Gerüche. Jede Art von Geruchsbelästigung verbreitet negative Schwingungen – sei es durch den Mülleimer in der Küche, defekte Abflüsse oder die Schuhe im Flur.

Achten Sie darauf, dass Ihr Geruchsumfeld genauso inspirierend ist wie alle visuellen Eindrücke und Wahrnehmungen. Und holen Sie sich im Frühjahr duftende Blumen ins Haus.

# 2. Mai

*Notizen / Geburtstage*

Sie sind bei Freunden zu Besuch, und es liegen Handtücher und Bademantel für Sie bereit. Sie fühlen sich gleich willkommen und gut umsorgt. Oft sind es nur Kleinigkeiten – ein Strauß frischer Blumen, eine Flasche Mineralwasser, ein paar Süßigkeiten. Was Sie spüren, ist: Mein Gastgeber möchte, dass ich mich wohlfühle.
Glückliche Gäste bringen positive Energie. Sie bringen neue Anregungen in Ihr Leben und eine nette Abwechslung vom Alltag. Die Aufmerksamkeit, die Sie Ihren Gästen schenken, geben diese zurück, und am Ende fühlen Sie sich selbst bereichert.

PIPER

# 3. Mai

*Notizen / Geburtstage*

Eine Wohnküche hat etwas sehr Praktisches: Die Wege sind nah, alles ist schnell zur Hand. Der große Vorrats- und Geschirrschrank fungiert dabei als Stauraum: Cornflakes, Teller, Besteck und Servietten sind gut zu erreichen. Die verglasten Fronten erleichtern das Auffinden. Vielleicht können sogar die Kinder beim Tischdecken helfen. Günstig ist es, hier nur Dinge unterzubringen, die Sie regelmäßig benutzen. Auch Lebensmittel immer wieder ausmisten. Sonst stagniert die Energie an dieser Stelle, und das wirkt sich negativ auf den Raum und den entsprechenden Bagua-Bereich aus.

# 4. Mai

*Notizen / Geburtstage*

Es wird Sommer. Endlich können wir wieder Tomaten mit Basilikum und Mozzarella zubereiten. Frische Kräuter tun uns gut. Sie sind schön anzuschauen, schmecken lecker, geben vielen Gerichten den letzten Kick – und vor allem freut sich unsere Nase. Kräuter sind ganz besondere Chi-Anreger. Unsere sensible Wahrnehmung ist von visuellen Reizen meist überflutet, daher ist der zarte Duft von frischen Kräutern besonders belebend und förderlich für unsere Sinne.

BREAD

# 5. Mai

*Notizen / Geburtstage*

Kaum eine Farbe ist in den vergangenen Jahren wieder so zu Ehren gekommen wie Orange. Kein Wunder: Orange ist eine richtige Gute-Laune-Farbe. Ein Strauß orangefarbener Tulpen verbreitet eine warme und freundliche Stimmung, die Kommunikation und Geselligkeit anregt. Orange wirkt sich positiv auf Gesundheit und Wohlbefinden aus. Es regt den Stoffwechsel und den Appetit an, entspannt und vitalisiert. Eine fröhliche Farbe, die wach macht und die Stimmung aufmuntert. Eben eine echte Gute-Laune-Farbe.

# 6. Mai

*Notizen / Geburtstage*

Nur graue Wände oder die Straße vorm Fenster? Blumenkästen, Pflanzen, Fensterbilder und Rollos verschönern die Sicht – vor allem, wenn Ihnen der Ausblick nicht gefällt. Achten Sie auf störende Einflüsse von außen. Gemeint sind bauliche Situationen wie Haus- oder Dachkanten, scharfkantige Mauervorsprünge, die direkt auf die Wohnung gerichtet sind, Telefonmasten, Straßen – und auch nervige Nachbarn. Alles, was das Energiefeld des Menschen stört, wird im Feng Shui als Sha-Energie bezeichnet und kann sich auf Dauer negativ auf Gesundheit und Wohlergehen auswirken. So schützen Sie sich davor: Alle reflektierenden Oberflächen, konvexe Spiegel außen am Fenster oder der Fenstertüre, farbige Rosenkugeln oder polierte Metalle zerstreuen belastende Energien und machen sie „unschädlich".
Übrigens: Schiebefenster sind zwar platzsparend, lassen sich jedoch nicht vollständig öffnen. Das ist vor allem dann ungünstig, wenn dadurch der Luftaustausch stark eingeschränkt ist.

# 7. Mai

*Notizen / Geburtstage*

Eine rutschige Angelegenheit, diese Außentreppe. Die bewachsenen Stufen sind zwar ein pittoresker Anblick, rein praktisch gesehen sind sie wohl eher halsbrecherisch gefährlich, vor allem bei Regen. Auch im Außenbereich gilt: Treppen sollen sicher sein, auch, wenn sie noch so kurz sind. Der große Topf neben der Treppe steht dort gut, denn er stabilisiert und bildet seitlich einen Schutz (vergleichen Sie dazu „schwere Gegenstände“ am 8. Januar).

# 8. Mai

*Notizen / Geburtstage*

Ein üppiger Garten ist eine echte Bereicherung. Aus Sicht des Feng Shui ist er eine Erweiterung des Hauses und ebenso Spiegel der Persönlichkeit wie die Wohnung selber. Zugegeben, er braucht Pflege und Aufmerksamkeit, doch was ein lebendiger Garten Ihnen zurückgibt, ist den Aufwand wert.
Stellen Sie sich Ihren Garten als kleine Idylle vor: mit Bäumen, bunten Blumen, geschwungenen Gartenwegen, einer geschützten Sitzecke, vielleicht plätscherndem Wasser – so ist Ihr Garten eine Quelle des Chi, ein Ort der Fülle und Erfüllung. An den kommenden Sommertagen geben wir Ihnen einige Tipps zur Gestaltung. Für ausführlichere Informationen gibt es viele Feng-Shui-Bücher, die sich speziell mit dem Thema Gartengestaltung beschäftigen.
Hier: Ein wunderschöner Bauerngarten mit einem Apfelbaum, der Sie nicht nur mit frischem Obst versorgt, sondern auch Stabilität gibt. Fest verwurzelte Obstbäume können im Garten einen unruhigen Bereich erden und für Beständigkeit und Ausgleich sorgen.

*Das Leben beginnt mit dem Tag,*
*an dem man einen Garten anlegt.*

# 9. Mai

*Notizen / Geburtstage*

Die Sache mit dem Bad! Irgendwo muss es sein, das ist klar, und ein schönes Bad ist ja auch wirklich entspannend und erfrischend.
Nur im Bereich Gesundheit, also im Tai Chi, sind ein Bad oder eine Toilette tatsächlich ungünstig. Denn im Bad läuft Wasser zwar zu, aber auch permanent in verschmutztem Zustand wieder ab. So rinnt wichtige Lebensenergie ins Abwassersystem. Das kann Ihre Vitalität massiv beeinflussen. Widmen Sie in diesem Fall Ihrem Bad besondere Aufmerksamkeit. Attribute des Elements Holz stärken und vitalisieren: Pflanzen oder Bilder von Pflanzen, die Farbe Grün und vertikale Strukturen nutzen die aufwärtsstrebende Energie des Holzes, um die Abwärtsrichtung des Wassers auszugleichen. Wem Kristalle gefallen, der kann sich auch einen Regenbogenkristall in „die Mitte“ hängen. Das aktiviert Energie. Auch in diesem Fall empfiehlt sich ein Spiegel an der Außenseite der Tür. Sie werden sehen, das macht Ihr Bad noch schöner!

NH
HOTELES
NH
HOTELES

# 10. Mai

*Notizen / Geburtstage*

Dieser große Spiegel aktiviert die Energie des Bagua-Bereichs Karriere. Fehlt in Ihrem Haus dieser Bereich, dann ist ein Spiegel eine gute Möglichkeit, die Karriere in Fluss zu bringen und den Lebensweg mit neuem Schwung weiterzugehen. Spiegel integrieren optisch fehlende Bereiche. Das tun sie grundsätzlich. Und sie sind besonders geeignet, um das Feld Karriere anzuregen. Prüfen Sie auch den Bereich in allen anderen Räumen – fehlt er, ist er ungenutzt oder zugerümpelt, haben Sie vielleicht Schwierigkeiten, eine klare Ausrichtung im Leben zu finden. Sorgen Sie für Ordnung und stärken Sie die Energie mit Symbolen, Spiegeln und Wasser – mehr dazu am 30. Oktober.

# 11. Mai

*Notizen / Geburtstage*

Sie wünschen sich Kinder, Sie haben Schwierigkeiten mit Ihrer großen Tochter oder ein kreatives Projekt, das nicht so recht voranschreiten will? Dann schenken Sie dem Bereich Kinder und Kreativität in Ihrer Wohnung besondere Aufmerksamkeit.
Arrangieren Sie Dinge, die Ihnen Vergnügen machen und die Fantasie anregen: Bilder, frische Blumen, persönliche Lieblingsstücke. Auch Metall-Elemente, wie Gegenstände aus Metall, die Farben Weiß und Silber und runde Formen unterstützen Sie. Farbe, Form und Material des Tischs passen hervorragend hierher!

*Eine Freude vertreibt hundert Sorgen.*

# 12. Mai

*Notizen / Geburtstage*

Wie sieht es an Ihrem Arbeitsplatz aus? Türmen sich Unterlagen und unerledigte Rechnungen auf Ihrem Tisch, oder hat alles seinen Platz?
Bücherstapel und Aktenberge sind wie Hindernisse in Ihrem Leben und Ihrer Karriere. Halten Sie Ihren Schreibtisch übersichtlich und aufgeräumt. Das schafft Platz für neue Gedanken und Ideen. Wichtig ist, für ausreichende Regalfläche zu sorgen und – wie immer – den Krempel zu entsorgen.
Eine gute und blendfreie Beleuchtung unterstützt Konzentration und fördert angenehmes Arbeiten. Für Computer gilt: Platzieren Sie den Bildschirm so, dass Sie blendfrei arbeiten können.

Mac OS X

# 13. Mai

*Notizen / Geburtstage*

Der erste Eindruck zählt! Wie empfängt Ihr Eingang Sie und Ihre Gäste? Freundlich oder eher unnahbar? Der Zutritt beginnt schon am Gartentor. Ist es abweisend, weil verrostet, quietschend oder mit defektem Schloss, entsteht schon an der Schwelle zu Ihrem Grundstück ein ungutes Gefühl. Und genau dieses Gefühl und diese Stimmung nehmen Sie – und Ihre Gäste – mit in die Wohnung.
Schaffen Sie also eine freundliche Situation. Der mit Flieder bepflanzte Bogen umrahmt den Zugang und lenkt ab von den stacheligen Spitzen des Zauns.
Übrigens: Ein Gartentor ist eine schützende Trennung von privatem Grund zur Öffentlichkeit. Je massiver und abweisender das Tor, umso stärker die persönliche Abgrenzung, und – möglicherweise – umso weniger Nähe zu Menschen.
Weiter geht's mit der Wohnungstür am 16. September.

22

# 14. Mai

*Notizen / Geburtstage*

Eine feste Wand im Rücken ist ideal für einen erholsamen Schlaf. Lagern Sie das Kopfteil des Betts an einer geschlossenen Wand an. Das gibt Sicherheit und Stabilität und lässt Sie friedlich schlummern.

Gedämpfte Farben stimmen Sie schon beim Zubettgehen auf Ruhe und Schlaf ein. Das Pflanzenmotiv strahlt Wachstumsenergie aus und kann für manchen zu anregend sein. Im Bereich Familie oder Reichtum ist dieses florale Motiv allerdings bestens aufgehoben!

# 15. Mai

*Notizen / Geburtstage*

Ein Platz für zwei: Alles, was Nähe und Zusammengehörigkeit fördert, stärkt auch Ihre Paarbeziehung und ist damit günstig für das Feld Partnerschaft. Zwei Sessel, ein Sofa, das Bett, oder – bei wenig Platz – zwei Sitzkissen schaffen in der Wohnung Raum für Partnerschaft. Falls die Zimmeraufteilung all das nicht zulässt, weil hier beispielsweise das nicht verlegbare Bad ist, schaffen Bilder und Dinge, die Partnerschaft symbolisieren, eine Öffnung für eine harmonische Paarbeziehung.
Hier ein gemütlicher Essplatz, der im Bereich Partnerschaft zu einem gemeinsamen Essen und anregenden Gesprächen einlädt.

*Die Natur der Menschen lässt sie
einander nah sein, doch die Gebräuche
halten sie voneinander fern.* Konfuzius

ENGLISH
HiPP

# 16. Mai

*Notizen / Geburtstage*

Entrümpeln ist eine Sache, Sauberkeit eine andere. Sie haben alles Defekte, alles Überflüssige und Ungeliebte aus Ihrer Küche entfernt? Perfekt! Was jetzt ansteht, ist Putzen. Wo sich Staub und Dreck sammeln, schwingt Energie auf niedrigem Niveau. Die Regale mit Gläsern sehen schön aus, sind übersichtlich und schnell zu bedienen – und eine Herausforderung in puncto Sauberkeit. Denn, das wissen Sie selber, alles, was offen steht, staubt schnell ein, vor allem, wenn es nicht täglich benutzt wird.

Im Feng Shui ist Putzen eine ganz wichtige Maßnahme. Vielleicht kennen Sie die Erfahrung, dass Sie, während Sie putzen, nicht nur Ihre Wohnung reinigen, sondern gleichzeitig Klarheit in Ihrem Kopf schaffen. Wenn Sie das nicht selber erledigen wollen, dann lassen Sie putzen – Hauptsache, es ist sauber. Denn eine gereinigte Wohnung verströmt eine klare, erfrischende Energie und ist im Übrigen neben dem Entrümpeln die Voraussetzung für jede aktivierende Maßnahme.

# 17. Mai

*Notizen / Geburtstage*

Ein Bad, das vom Schlafzimmer aus begehbar ist: Heute gerne geplant und sicher auch praktisch und großzügig, denn meist gibt es zusätzlich noch ein Kinderbad. Aus Feng-Shui-Sicht ist die Nähe zum Bad allerdings ungünstig. Der Schlaf soll uns energetisch neu aufladen. Im Badezimmer geht aber über die Abflüsse Energie verloren. Dazu stört die Wasserenergie einen gesunden und erholsamen Schlaf.

Halten Sie in diesem Fall die Türe zum Bad immer geschlossen. Auch eine Zugfeder an der Tür kann das übernehmen. Mit einem kleinen Spiegel an der Tür können Sie die Energie von diesem Raum ablenken.

Achten Sie auch darauf, dass Ihr Bett nicht mit dem Kopfteil an einer Wand steht, in der Abflussleitungen geführt werden.

# 18. Mai

*Notizen / Geburtstage*

Die Fenster werden im Feng Shui als die Augen des Hauses bezeichnet. Unsere Augen stehen für die Fähigkeit, Vergangenheit, Gegenwart und Zukunft zu sehen. Größe, Zustand und Ausblick der Fenster sagen etwas aus über Weitblick, Offenheit und Ihre persönlichen Perspektiven. Wer auf eine nahe Hauswand schaut, kennt vielleicht das Gefühl, schnell an Grenzen zu stoßen. Schmutzige und gesprungene Fenster verhindern klare Sicht – vielleicht, weil Ihnen nicht gefällt, was Sie sehen. Und das meint nicht nur die Aussicht, sondern auch Ihre persönliche Situation. Sehr kleine Fensteröffnungen oder zugestellte Fenster schränken Ihr Blickfeld ein. Sie betrachten die Welt gewissermaßen durch Scheuklappen. Große Fensterflächen bieten wenig Schutz und Sicherheit. Sie fühlen sich der Umwelt ausgesetzt, vielleicht auch orientierungslos und verunsichert.
Für einen klaren Durchblick reinigen Sie als Erstes Ihre Fenster. Fenster und Fensterbänke frei zu räumen, schafft Offenheit und erweitert den Horizont!

Cheshunt Compound

# 19. Mai

*Notizen / Geburtstage*

Er gehört in jeden Garten: ein Sitzplatz. Ein Ort, an dem sich Familie und Freunde im Garten treffen können. Geschützt sollte er sein – vor Einblicken von außen, vor Wind und auch vor zu starker Sonneneinstrahlung. Wenn Sie dann noch einen großzügigen Überblick über Ihr kleines Gartenparadies haben, wird dies sicher Ihr Lieblingsplatz.
Ein Tipp: Ein Wechsel im Bodenbelag – zu Kies, Pflastersteinen, Bodenplatten oder auch Holzplanken – schont die Gartenmöbel und grenzt den Sitzbereich zum Garten ab.

*Trage immer einen grünen Zweig*
*im Herzen, es wird sich ein*
*Singvogel darauf niederlassen.*

# 20. Mai

*Notizen / Geburtstage*

Das ist die Kunst, einen Flur so zu gestalten, dass man sich dort gerne aufhält – auch wenn er sozusagen nur der Erschließung des Hauses dient. In diesem traditionellen Beispiel gut gelungen! Wer durch die einladenden Rundbögen diesen lichten Raum betritt, fühlt sich gleich willkommen. Teppich, Pflanzen, Beleuchtung und Wandfarbe machen den Treppenraum abwechslungsreich und wohnlich.
Längst nicht in allen Häusern oder Wohnungen gibt es eine abgeschlossene Diele. Häufig geht der Eingang sofort in den Wohnraum oder das Treppenhaus über. In diesem Fall ist es gut, den vorderen Bereich abzugrenzen und eine Art Dielenbereich zu schaffen: je nach Situation durch eingestellte Kommoden, Regale oder Tische. Und wenn dafür kein Platz ist, durch einen Wechsel im Bodenbelag, durch Einsatz von Farben, Pflanzen und Licht.

# 21. Mai

*Notizen / Geburtstage*

Ein gemütliches Sofa und bequeme Sitzgelegenheiten sind die Hauptdarsteller des Wohnzimmers. Wenn Sie sich fragen, wo Sie am besten Ihr Sofa hinstellen sollen, dann wählen Sie immer den sichersten Platz im Raum. Und der ist an der Wand, von der aus Sie die Tür im Blick haben. Sessel können Sie frei im Raum dazu platzieren.

Was sehen Sie, wenn Sie auf dem Sofa sitzen? Am schönsten ist es, aus dem Fenster in den Garten zu schauen.

In vielen Wohnzimmern spielen allerdings Sofa und Fernseher die Hauptrollen. Wenn Sie sich stattdessen mehr Kommunikation und Zweisamkeit wünschen, dann richten Sie Ihre Möbel zueinander aus und nicht auf den Fernseher.

ANDREE PUTMAN
MAPPLETHORPE
IMAGES OF WOMEN
ICONS OF THE 20TH CENTU

# 22. Mai

*Notizen / Geburtstage*

Blumen und grüne Pflanzen bringen frischen Wind in Ihren Familien-Bereich. Sie unterstützen Vitalität und Bewegung und aktivieren die Power, die Sie brauchen, um etwas Neues zu beginnen. Um sich endlich zum Yoga-Kurs anzumelden oder das längst fällige Gespräch mit Ihren Eltern zu führen. Kaufen Sie sich also öfter einen richtig schönen Blumenstrauß oder eine neue Grünpflanze.
Förderlich für den Bereich Familie sind auch: Bilder von Sonnenaufgängen und Pflanzen, die Farbe Grün und vertikale Elemente als Träger der Holzenergie.

# 23. Mai

*Notizen / Geburtstage*

Grün tut Körper und Seele gut. Es ist die Farbe der Natur und weckt eine frische und lebendige Stimmung. Grün wirkt sich positiv aus auf Gesundheit, Erholung und Wachstum. Gut für Herz, Nerven, Atmung und Augen, wird der Farbe Grün eine heilende Wirkung zugesprochen. Sie hilft, Stress abzubauen und zu regenerieren.

Im Feng Shui gehört Grün zum Element Holz und im Bagua zu Familie und Reichtum. Es unterstützt die Entspannung im Schlafzimmer und fördert Wachstum und positive Entwicklung im Kinderzimmer.

Ein richtiges Familienzimmer ist dies: mit Ahnenporträts und gelbgrünem Anstrich. Der starke Gelb-Anteil verwandelt allerdings die beruhigende Wirkung der Farbe Grün in eine anregende. Die Kombination mit Blau und Gold wirkt luxuriös und auch etwas kühl. Warme Farben sind eine schöne Ergänzung. Übrigens, ein kräftiger Farbanstrich und ein starker Gelb-Anteil können die ruhige Wirkung der Farbe Grün in eine anregende verwandeln.

RUSSIAN EMPIRE

# 24. Mai

*Notizen / Geburtstage*

Was könnte Sie zum Aufstehen motivieren? Rein gar nichts, werden Sie sagen, wenn Sie am allerliebsten lange schlafen und alltags schwer aus dem Bett kommen. Vielleicht gibt es doch etwas: Zum Beispiel ein Foto Ihres Traumreiseziels, eine kunterbunte Blumenwiese, Erinnerungsbilder an entspannte Zeiten wie Ihren letzten Toskana-Urlaub oder ein Kunstwerk, das Sie besonders anspricht. Egal, Sie finden schon ein Bild, das Ihnen den Start in den Tag erleichtert. Hängen Sie es gegenüber Ihrem Bett auf, damit morgens Ihr erster Blick darauf fällt. Es sollte allerdings nicht zu viel Unruhe und Bewegung ausstrahlen, damit Sie weiterhin gut schlafen. Das Wegemotiv ist übrigens eine schöne Ergänzung für die Karrierezone. Lesen Sie mehr dazu am 2. November.

# 25. Mai

*Notizen / Geburtstage*

Persönliche Dinge machen Räume wohnlich. Dabei kommt es auf das richtige Maß an. Schlichte, designorienterte Wohnungen so ganz ohne „Schnickschnack" wirken schnell kühl, erinnern manchmal an den Ausstellungsraum eines Möbelhauses. Zu viel des Guten dagegen wirkt überladen und muffig.
Wie so oft, ist die Mitte ein guter Weg. Persönliche Gegenstände, wohl ausgewählt und mit Bedacht platziert, beleben die Gestaltung. Sie unterstützen mit ihrer Geschichte und Symbolik Lebensbereiche im Bagua und machen Ihre Wohnung zu einem einzigartigen Ort – Ihrem Zuhause.

# 26. Mai

*Notizen / Geburtstage*

Klassisch ist der Sitzbereich auf der Terrasse unmittelbar am Haus. Oft ist es hier in den Sommermonaten allerdings besonders heiß, weil das Haus die Wärme speichert und abgibt.

Schaffen Sie sich einen zweiten Sitzplatz weiter hinten im Garten, unter Bäumen, in einer lauschigen Ecke. Das bringt Leben in bisher ungenutzte Bereiche – und von dort sieht Ihr Garten ganz anders aus. Da weht vielleicht ein laues Lüftchen, und andere Düfte und Geräusche erfüllen die Luft. Das Bagua lässt sich auch im Garten anwenden: Ein guter Platz für die Sitzecke ist im Bereich Familie, doch dazu mehr am 5. August.

*Wer einen Baum pflanzt,*
*wird den Himmel gewinnen.* Konfuzius

# 27. Mai

*Notizen / Geburtstage*

Neuer Job, neues Zuhause, ein Baby – unser Leben ändert sich mitunter einschneidend. Kein Wunder, dass wir uns nach einer gewissen Beständigkeit sehnen und eine sichere Basis schätzen. Das gibt uns das Gefühl, unser Leben im Griff zu haben. Diese wichtige Qualität von Sicherheit und Ordnung ist Teil der Erdenergie. Auch in Ihrer Wohnung ist sie präsent: in allen liegenden und stabilen Möbeln, wie schweren Truhen, Sofas, Sideboards und natürlich in den Materialien Erde, Stein und allen Gelb- und Erdfarben. Insbesondere Terrakotta ist ein klassischer Vertreter des Elements Erde. Hier sogar auf dem Esstisch: Die zwei Töpfe versorgen das Essen nicht nur mit Salz und Pfeffer, sondern auch mit der erdtypischen Harmonie (wobei wir, ehrlich gesagt, den Pfeffer in der Mühle praktischer finden).

# 28. Mai

*Notizen / Geburtstage*

Das Element Holz will hoch hinaus. Es zeugt von dem Wunsch, sich weiterzuentwickeln – worum es übrigens auch in diesem Buch geht. Die Zweige und Blumen symbolisieren genau das.
Ein Zuviel dieser Holzenergie führt zu eigensinnigem und ehrgeizigem Verhalten bei den Bewohnern. Entsprechend dominieren Parkett, Holzmöbel und Pflanzen. Möchten Sie so einem eher sturen Charakter zu mehr Versöhnlichkeit verhelfen, machen Sie sich den Kreislauf der fünf Elemente zunutze. Regulieren Sie das Holz mit Hilfe von Feuer (verbraucht Holz), in dem Sie Kerzen, Licht und die Farbe Rot einsetzen. Stärken Sie auch Metall (kontrolliert das Holz, indem es das freie Wachstum eindämmt): Integrieren Sie runde Formen und Elemente in Weiß und Metall.

# 29. Mai

*Notizen / Geburtstage*

Frisch geschnittene Blumen oder blühende Pflanzen bringen neues Leben in Ihre Beziehung und eignen sich wunderbar für den Bagua-Bereich Partnerschaft. Wollen Sie noch mehr für Ihre Beziehung(en) tun, dann verschönern Sie diesen Bereich mit Dingen, die für Sie Liebe und Harmonie signalisieren (siehe 8. Dezember). Schöne Paarbilder sind ein guter Anfang. Entfernen Sie alle Dinge und Bilder, die Trennung oder Alleinsein repräsentieren. Briefe und Fotos von Verflossenen haben hier nichts zu suchen.

*Solange du dem anderen*
*sein Anders-Sein nicht verzeihen*
*kannst, bist du noch weit ab*
*vom Wege zur Weisheit.*

# 30. Mai

*Notizen / Geburtstage*

Geschickt kombiniert, schenken Braun- und Ocker-Töne Wärme – Ihnen und der Wohnung. Denn Erdfarben geben uns ein Gefühl der Geborgenheit. Hier passt die ockerfarbene Wand gut zu der rustikalen Küche und unterstreicht die behagliche Stimmung. Allerdings brauchen Erdfarben in der Wohnung lebendige Kontraste. Sonst wird aus dem natürlichen Bedürfnis nach Sicherheit die Angst vor Veränderung, die eine geistige und körperliche Entwicklung bremst.
Der Blumenstrauß – eben im Garten gepflückt – ist eine erfrischende Ergänzung!

# 31. Mai

*Notizen / Geburtstage*

Ein Blickfang auf dem Tisch: Oft reicht ein kleiner Strauß, um die Stimmung am Tisch zu verändern. Es muss also nicht immer gleich ein teurer Blumenladen-Einkauf sein. Schon eine einzige große Blüte kann wirklich toll aussehen. Erfrischendes Grün und glitzernde Lichtimpulse verbreiten hier lebendiges Chi. Ausgesprochen fröhlich wirken diese Anemonen in grün-goldener Vase.
Übrigens: Blumen, Pflanzen und die Farbe Grün (Element Holz) fördern die Kraft des Neuanfangs. Ein frischer Blumenstrauß kann auch Ihre Kreativität anregen und ein Impuls für neue Ideen sein.

# 1. Juni

*Notizen / Geburtstage*

Essen hält Leib und Seele zusammen – und auch die Familie. Wenn alle tagsüber ihre eigenen Wege gehen, so ist der Esstisch immer ein willkommener Treffpunkt. Gemeinsame Mahlzeiten tun dem Familienleben gut, fördern Kommunikation und Zusammenhalt. Versuchen Sie, wenigstens einmal am Tag all Ihre Lieben um den Esstisch zu versammeln. Dabei darf das Esszimmer ruhig ein zentraler Raum sein und so gestaltet, dass alle Familienmitglieder sich gerne dort aufhalten.

# 2. Juni

*Notizen / Geburtstage*

Heute geht es um Dinge, die wir nicht brauchen oder nicht lieben. Sie werden Ihnen bekannt vorkommen, diese überflüssigen Schätzchen: der fünfte Korkenzieher, die geschenkte Tasse, die sich zu einem Sammelsurium unterschiedlichster Kaffeepötte gesellt, Mitbringsel, die unseren Geschmack nicht treffen, schnelle Käufe, wie zu kleine Pumps und zu enge Jeans. Wozu bewahren wir den Kram auf? Wir horten gerne Dinge, denkend, dass wir sie irgendwann noch einmal gebrauchen könnten. Warum wir das tun? Dazu mehr am 22. August.
Speziell in der Küche gibt es vieles doppelt und dreifach: Achten Sie mal darauf, was Sie wirklich brauchen. Nehmen Sie sich eine Schublade oder einen Schrank vor und beginnen Sie jetzt mit dem Entrümpeln.
Ein aufgeräumter Küchenschrank, wie auf dem Foto, ist übersichtlich. Und alles, was nützlich ist und was Sie ehrlich schätzen, erfüllt Sie mit positiver und bereichernder Energie.

# 3. Juni

*Notizen / Geburtstage*

Der Weg nach oben soll leicht sein, und Bilder können Ihren Treppenaufstieg angenehm gestalten. Optimal sind Motive, die Leichtigkeit ausdrücken, nichts Schweres, sonst geht Ihnen beim Aufstieg noch die Puste aus. Übrigens, worauf schauen Sie, wenn Sie oben ankommen? Ein Bild, das Sie begeistert, lässt Sie die neue Ebene mit guter Laune betreten.
Die Fotos auf dem Zwischenpodest setzen einen Akzent auf dem Weg und sind spannend inszeniert. Man hält gerne inne, um diese persönliche Galerie zu betrachten. In der enormen Höhe des Treppenraums verliert sich allerdings nicht nur Ihr Blick, sondern auch das Chi. Ein Bild an der Längswand würde den Richtungswechsel einleiten und die Aufmerksamkeit nach oben lenken. In Stufen aufgehängte Bilder sind ungünstig: Sie betonen das Gefälle der Treppe und beschleunigen das Tempo.

# 4. Juni

*Notizen / Geburtstage*

Als Wandfarbe ein echter Knaller: Violett wird aus den zwei Primärfarben Rot und Blau gemischt. Je nach Farbverhältnis entsteht ein völlig unterschiedlicher Eindruck – mit ganz unterschiedlicher Wirkung. Dominiert der Blau-Anteil, geht es in Richtung Lavendelblau. So wirkt Violett kühlend und erfrischend und eignet sich in einem sanften Fliederton durchaus auch für das Schlafzimmer. Überwiegt der Rot-Anteil, ist Violett äußerst belebend. Dieser kräftige Wandanstrich ist wirklich aufgeladen mit Energie (Yang-Farbe). Die Kombination mit der Farbe Rot regt noch weiter an und ist schön für das Wohnzimmer oder auch, um einen Bereich im Kinderzimmer zu beleben.

# 6. Juni

*Notizen / Geburtstage*

Spiegel im Schlafzimmer – ja oder nein? Bestimmt haben Sie auch schon das ein oder andere über dieses Thema gehört. Spiegel sind im Feng Shui äußerst beliebt, doch im Schlafzimmer haben sie nichts zu suchen. Denn sie ziehen Energie an und reflektieren sie. So erzeugen sie eine energetische Bewegung, die zu unruhigen Nächten führen kann. Damit Sie gut schlafen: Meiden Sie die in (deutschen) Schlafzimmern beliebten verspiegelten Kleiderschränke oder beschränken Sie sich zumindest auf eine möglichst geringe Spiegelfläche, so wie auf dem Foto zu sehen. Das helle, in Weiß und Cremetönen gehaltene Schlafzimmer wirkt einfach und klar und unterstützt so Ihre Erholung.

THE ICE MASTER

# 7. Juni

*Notizen / Geburtstage*

Im Garten kommt es auf Abwechslung und Vielfalt in Gestaltung und Bepflanzung an. Dann wird das Leben und Erleben im Garten zu einem inspirierenden Abenteuer.

Der Garten ist – wie die Wohnung – Abbild Ihrer persönlichen Situation, Ihrer Stärken und Ihres Entwicklungspotenzials. Lebendig gestaltet, erweitert er Ihr persönliches Potenzial. Ist er verwahrlost, zugewuchert oder eine öde Rasenfläche, finden sich meist Parallelen zum Leben. Seine Aufmerksamkeit dem Garten zu widmen, bedeutet, seine Möglichkeiten zu nutzen.

# 8. Juni

*Notizen / Geburtstage*

Schwarz symbolisiert Zurückhaltung. In China ist es die Farbe der Ehre, in unserer westlichen Kultur wird Schwarz mit Trauer verbunden.
In manchen Fällen kann Schwarz elegant sein, häufig wirkt es einfach nur düster. Die dunkel gebeizte Holzverkleidung gibt dem Raum eine ruhige Ausstrahlung, wird jedoch mit der Zeit auf die Stimmung drücken. Grundsätzlich empfiehlt es sich, Schwarz in Form von Möbeln in die Wohnung zu integrieren. Denn schwarze Wände absorbieren das Licht und wirken leicht morbid, was in diesem Fall auch damit zusammenhängt, dass persönliche Gegenstände fehlen.

# 9. Juni

*Notizen / Geburtstage*

Manchmal liegt die Tür hinaus in den Garten exakt in der Flucht der Eingangstür. Eine verlockende Vorstellung, denken wir, beim Nachhausekommen erst mal zum Entspannen im Garten vorbeizuschauen. Allerdings bedeutet es auch, dass die Energie durch den Hinterausgang entweicht – anstatt die Wohnung zu versorgen. Hier geht es darum, im Flur den Energiefluss zu bremsen und durch Einsatz von Licht, Pflanzen, Skulpturen, Möbeln oder Bildern die Aufmerksamkeit vom Hinterausgang abzulenken.
Die Skulptur im Bild kommt vor dem schlichten weißen Hintergrund besonders gut zur Geltung. Die rahmenlose Tür ist raffiniert – geschlossen ist sie eins mit der Wand und entzieht sich damit der Wahrnehmung.

# 10. Juni

*Notizen / Geburtstage*

Brems-Effekt: Steine, Statuen und schwere Objekte beruhigen das Chi. Vor allem in einem sehr offenen Garten oder einem stark abfallenden Gelände wirken schwere Objekte stabilisierend.

In dieser offenen Situation beruhigt der schwere Tisch die frei fließende Energie und grenzt die Terrasse zum Garten ab.

Allerdings sollten Sie gerade lange Sichtachsen (wie auf dem Foto) vermeiden. Besser ist es, eine freie Fläche durch Bepflanzung in abwechslungsreiche Bereiche gliedern. Wie Sie Wege zum Schwingen bringen, lesen Sie morgen!

# 11. Juni

*Notizen / Geburtstage*

Pfeilgerade Wege sind im Garten genauso ungünstig wie im Haus. Hier beschleunigt das Chi und wird störend und aggressiv, nicht mehr erfrischend und lebenspendend. Sie erinnern sich: Die Formen der Natur sind rund und geschwungen – nicht rechtwinklig und schnurgerade. Im Wechsel gepflanzte Blumen und Sträucher, die den Durchgang verengen, schaffen einen gewundenen Weg, der das Chi sanft fließen lässt. Passen Sie Gartenwege immer harmonisch in die Umgebung ein. Bäume, Höhenunterschiede und Beete sind dabei gute Anhaltspunkte.
Auch wechselnde Bodenbeläge oder eingebaute Stufen rhythmisieren einen geraden Weg. Wer im Sommer gerne barfuß läuft: Der Wechsel von Gras zu Kies, zu Pflastersteinen oder Holz ist ein sinnliches Vergnügen.

# 12. Juni

*Notizen / Geburtstage*

Ein harmonisches Umfeld entsteht, wenn Yin und Yang zusammenspielen. Betrachten Sie Ihre Einrichtung: Sehen Sie mehr Yin oder mehr Yang?
Auf die Oberflächenbehandlung kommt es an: Glänzende und harte Materialien (Yang) beschleunigen und beleben das Chi und können Räume optisch vergrößern. Weiche, raue und profilierte Oberflächen (Yin) verlangsamen den Chi-Fluss. Ein kleiner Flur profitiert von Yang-Aspekten, ein großer Raum dagegen verträgt mehr Yin-Materialien.
Als Beispiel: Dieses Wohnzimmer ist ein ausgewogener Raum, wenn auch nicht mit Gewicht auf Behaglichkeit. Das goldene Bild hat Yang-Energie, die Sessel Yin, das glatte Holz eher Yang, die ruhige Möblierung Yin. Geometrische Formen (Yang) wechseln sich ab mit fließenden Formen (Yin).

# 13. Juni

*Notizen / Geburtstage*

Das Chi folgt der Aufmerksamkeit: Gegenstände, die glänzen und leuchten, ziehen Energie an und setzen Akzente.
Die Vasen reflektieren das Sonnenlicht und beleben mit ihrem Funkeln den Raum. Eine echte Bereicherung für Räume mit viel Yin-Energie. Denn wir haben es gerne gemütlich, mit weichen Kissen, fließenden Vorhängen, Deko aus naturnahem Material. Aber manchmal wird's einfach zu viel. Schimmernde Accessoires wie auf dem Foto sind da genau der richtige Ausgleich.

# 14. Juni

*Notizen / Geburtstage*

Ohne Pause ständig aktiv zu sein, zu schaffen und zu tun, ist auf Dauer ungesund. Das können wir ständig überall lesen, wir wissen es längst, wir spüren auch oft, dass uns alles zu viel wird – und trotzdem fällt es uns schwer, uns einfach mal hinzusetzen und nichts zu tun. Dabei beruhigen diese Auszeiten Körper und Geist und verhelfen uns zu neuer Kraft. Erleichtern Sie sich das Ausspannen und schaffen Sie sich solch einen Rückzugsort. Egal, was alles noch getan werden muss: Nehmen Sie sich Zeit für ein paar stille Momente im Alltag.
Optimal dafür ist der Bagua-Bereich Wissen (vorne links). Auch Ihre Bücher sind in diesem Bereich gut aufgehoben. Hier ist Platz für alles, was zum Erlangen von Wissen beiträgt und Weisheit und Wissen symbolisiert.

*Wer zu rastlos ist, hat keine Zeit,*
*seine Sitzmatte zu wärmen.*

# 15. Juni

*Notizen / Geburtstage*

Das Bad als Raum der Regeneration: Hier gibt es keine ablenkenden Details. Reduzierte Materialien, Holz und Weiß fördern Ruhe und Entspannung. Bei einem solch großen Fenster hält eine Jalousie die Energie im Raum und sichert die Privatsphäre. So weit, so gelungen. Die Badewanne bildet das Zentrum des Raums. Ihre exponierte Lage in der Tür-Fenster-Achse ist allerdings nach Regeln des Feng Shui ungünstig: Hier ist kein Kraftplatz, hier ist es unruhig und bewegt.
Ein letzter Hinweis: Wenn es Ihnen möglich ist, platzieren Sie die Toilette immer so, dass sie beim Betreten des Raums nicht sichtbar ist. Auch das trägt dazu bei, dass Ihre Lebenskraft nicht direkt in der Kanalisation verschwindet.

# 16. Juni

*Notizen / Geburtstage*

Ein echtes Luxus-Statement: Die Orchideenblüten in violetten Vasen verströmen eine Aura der Besonderheit und bereichern Ihr Zuhause mit edler Schönheit. Orchideen werden seit jeher mit weiblichen Attributen wie Schönheit und Anmut verbunden. Sie verführen mit exotischen Blütenformen, Farben und Gerüchen. Ihr besonderer Zauber und ihre Exklusivität sind ein Symbol für Reichtum und Macht. Wäre das nicht eine passende Zutat für Ihre Reichtumsecke oder eine angemessene Ergänzung für Ihren Partnerschafts-Bereich?

# 18. Juni

*Notizen / Geburtstage*

Heute wird gekocht! Frisches Gemüse und hochwertige Zutaten erhöhen die Qualität des Essens. Wert auf gute Nahrung zu legen, bedeutet auch, Nahrung als Lebensenergie zu schätzen, den Körper zu pflegen und in Harmonie mit sich selber zu leben. Nehmen Sie sich Zeit: zum Kochen und zum Essen!
Wie geht man mit Farbe in der Küche um? Kochen erfordert Ruhe und Konzentration, die Mahlzeiten (vergleichen Sie dazu „Esszimmer“) sollen gleichzeitig erholsam und belebend sein. Setzen Sie in der Küche eher zurückhaltende Farben ein, zum Beispiel ein helles Gelb, Weiß, Hellgrün. Das schafft eine ruhige und unterstützende Atmosphäre.

BREAD

# 19. Juni

*Notizen / Geburtstage*

Harmonische Klänge finden sofort den Weg in unser Herz. Sie beleben, verzaubern und erfreuen uns. Im Feng Shui haben sie dazu eine Aufgabe: Sie sollen Energie lenken, wie das Glöckchen auf dem Foto. Klangspiele, Perlenvorhänge und Musikinstrumente, die regelmäßig gespielt werden, haben eine ähnliche Funktion.

Klänge eignen sich auch gut, um zwei Bereiche voneinander zu trennen. Zum Beispiel den privaten Garten vom öffentlichen Bereich, oder den Innenraum vom Außenraum. Wenn zwei Funktionen in einem Raum untergebracht sind, kann ein Klangspiel – auf der „Grenze" aufgehängt – zum Beispiel den Arbeitsbereich vom Wohnbereich trennen. Ganz wichtig: Der Klang sollte Ihnen gefallen.

Eine Glocke an der Eingangstür kündigt Gäste an. Besuch!

*Wer zu hören versteht, hört*
*die Wahrheit heraus, wer nicht*
*zu hören versteht, hört nur Lärm.*

# 20. Juni

*Notizen / Geburtstage*

Auf der Terrasse essen, im Liegestuhl lesen oder Feste feiern – sich im Garten aufzuhalten, fördert Entspannung, Freude und Kreativität. Der Garten vereint viele Tätigkeiten. Und so sollte er auch sein: möglichst ansprechend auf vielen Ebenen des Lebens. Ein Ort für den Essplatz, ein Spielplatz für die Kinder, ein Platz zum Nachdenken und Träumen, eine lauschige Bank für zwei, eine freie Fläche zum Federballspielen. Schaffen Sie Bereiche von unterschiedlicher Qualität. Was wohin gehört – darüber gibt das Bagua Aufschluss.

# 21. Juni

*Notizen / Geburtstage*

Haben Sie schon mal erlebt, auf wunderbare Weise zur richtigen Zeit am richtigen Ort zu sein? Völlig unverhofft Hilfe zu erhalten? Diese „wunderbaren" Erlebnisse beschreiben die Energie des Bereichs Hilfreiche Menschen, im Bagua im vorderen Drittel rechts.
Hier geht es um Unterstützung im weitesten Sinne. Das sind die Freunde, die da sind, wenn man sie braucht, der Förderer, der Sie beruflich weiterbringt, der Schutzengel, das sprichwörtliche Wunder und alle glücklichen Fügungen und Zufälle. Und auch umgekehrt: Sind Sie jemand, der andere unterstützt?
Die passenden Farben für diesen Bagua-Bereich sind Gold und Weiß, wie im besinnlichen Arrangement auf dem Foto, die Energie dieses Bereichs wird beschrieben durch das Bild des Himmels. Der Himmel als Symbol für Gott, das Universum, die geistige Welt und spirituelle Erfahrungen. Welche Bedeutung hat Unterstützung – praktische und geistige – in Ihrem Leben?

*Außer dir gibt es noch andere Menschen,*
*so wie es über dem Himmel noch andere Himmel gibt.*

# 22. Juni

*Notizen / Geburtstage*

Nach chinesischer Idee sind Yin und Yang zwei gegensätzliche Qualitäten, die gemeinsam als Einheit für Harmonie sorgen – im Haus wie im Garten. Ein zugewucherter Garten ist häufig schattig und feucht (Yin), eine freie Rasenfläche dagegen ist der Sonne komplett ausgesetzt (Yang).

Yin und Yang zu kombinieren, ein ausgewogenes Nebeneinander zu schaffen, ist der Schlüssel für einen lebendigen Feng-Shui-Garten. Niedrige und hohe Bepflanzung, Freiflächen und üppige Beete, Bewegungszonen und Ruhebereiche – Vielfalt und Abwechslung schaffen einen Ort der Lebendigkeit und Inspiration.

# 23. Juni

*Notizen / Geburtstage*

Ein leichter Yang-Überschuss wirkt belebend. Vor allem in aktiv genutzten Räumen wie dem Wohnzimmer. Oder bei Menschen, die sonst eher träge und lethargisch sind. Zu viel Yang-Energie ist allerdings anstrengend.

Große Fensterflächen, Sonnenlicht, Lärm, grelle Farben, helle Beleuchtung, viele Möbel, Menschen und Haustiere (Yang) erzeugen extrem viel Unruhe. Klar, dass Sie sich in solcher Atmosphäre rastlos und eingeengt fühlen. Die aktive Yang-Kraft braucht einen Ausgleich: Entfernen Sie überflüssige Dinge, tauschen Sie das rote Sofakissen gegen ein beiges, hängen Sie Gardinen oder Rollos vor die Fenster.

In diesem Wohnzimmer sind weiche Kissen, Sofa und sanfte Farben ein guter Ausgleich für die aktive Yang-Kraft, die mit dem hellen Sonnenlicht den Raum erfüllt.

# 24. Juni

*Notizen / Geburtstage*

Ob schnelles Frühstück oder gemütlicher Sonntagsbrunch, der Essplatz ist vor allem ein Ort der Kommunikation, hier findet ein Großteil unseres gesellschaftlichen Lebens statt. Und je einladender und heller die Atmosphäre, umso gelöster und freundlicher die Stimmung am Tisch. Umgeben Sie sich deshalb mit schönen Dingen. Schaffen Sie mit frischen Blumen und passender Tischdekoration einen besonderen Ort, an dem sich alle gerne aufhalten. Wenn Sie nicht gerne an Ihrem Esstisch sitzen, dann ist es höchste Zeit zu schauen, was da nicht stimmt. Nutzen Sie auch die Tipps der anderen Tage, um Ihr Esszimmer zu einem wirklichen Wohlfühl-Ort zu machen.

# 25. Juni

*Notizen / Geburtstage*

Ihre Arbeit und Ihr Wohlstand hängen zusammen – meistens jedenfalls. Deshalb ist es uns wichtig, dass Sie an Ihrem Schreibtisch gut sitzen. Das gilt für Ihr Zuhause und natürlich besonders für Ihren Arbeitsplatz im Büro. Sie kennen das Prinzip schon vom Bett und vom Sofa: Uns geht es um den Kraftplatz im Raum. Mit der Wand im Rücken (kein Fenster) und der Tür im Blick sitzen Sie auf einer machtvollen Position, an der Sie konzentriert und effektiv arbeiten können.
In Ihrem Zuhause ist ein Arbeitszimmer Luxus. Wer außer Haus arbeitet, braucht meist nur einen Mini-Schreibplatz für Briefe oder E-Mails. Häufig Teil des Wohnzimmers, steht ein Schreibtisch an der Wand unauffälliger. Ein kleiner Spiegel oder reflektierender Gegenstand nimmt kaum Raum ein und verschafft Ihnen dennoch den wichtigen Überblick!

# 26. Juni

*Notizen / Geburtstage*

Bewegte Objekte sind alle Gegenstände, die sich im Wind oder Luftzug bewegen, wie Mobiles, Fahnen und Klangspiele. Sie werden im Feng Shui eingesetzt, um Energie zu zerstreuen und zu aktivieren.
Am Ende eines langen Flurs können solche Objekte das zu schnelle Chi bremsen, in „toten" Ecken die Energie anheben oder grundsätzlich Bereiche beleben.
Mobiles sind ein Symbol für Bewegung, Veränderung und Anpassung.
Die leichten Perlenbänder an der Lampe bewegen sich im Luftzug und bringen Lebendigkeit und Freude ins Kinderzimmer.
Lassen Sie Ihrer Kreativität freien Lauf! Ein Mobile muss nicht nach Kinderzimmer aussehen, siehe 16. Dezember.

# 27. Juni

*Notizen / Geburtstage*

Weiße Räume sind umgeben von einer Aura der Unschuld und Reinheit. Denn Weiß ist schlicht, reduziert und betont Einfachheit. Ein idealer Hintergrund, vor dem alles andere an Bedeutung gewinnt. Möbel, Bilder und Menschen kommen in rein weißen Räumen besonders zur Geltung.

Weiß vergrößert Räume optisch, ist hell und luftig. Komplett in Weiß gehaltene Räume wirken allerdings schnell steril, kühl und unnatürlich. Wer trotzdem ein Faible für weiße Räume hat: Gebrochenes Weiß, Beige und Cremetöne sind wesentlich angenehmer und natürlicher.

# 28. Juni

*Notizen / Geburtstage*

Das Badezimmer ist ein privater Raum. Blicke von außen wollen wir tunlichst vermeiden. Falls es in Ihrem Bad keine blickdichte Fensterscheibe gibt, bringen Sie Vorhänge oder Rollos an. Das hilft, sich im Bad wirklich wohl zu fühlen.
Bei einem solch großen Fenster wird der Raum wunderbar mit Tageslicht versorgt. Wer möchte da nicht im warmen, duftenden Badewasser liegen und den Ausblick auf Himmel und Blätter genießen … Das große Rollo ist dennoch wichtig, um bei Bedarf die Intimsphäre zu wahren. Das Material Stoff wirkt angenehm und ist gerade im Bad, wo viele kalte und glatte Oberflächen den Raum bestimmen, ein guter Ausgleich.

# 30. Juni

*Notizen / Geburtstage*

Das Bagua gilt genauso für den Garten: Auch hier gibt es die neun Bereiche, die Sie bereits im Haus kennen gelernt haben. Angelegt wird das Bagua am Gartentor, beziehungsweise an der Zufahrt zu Ihrem Grundstück. Wie im Haus ist es ein Spiegel, der zeigt, was funktioniert in Ihrem Leben und was nicht. Betrachten Sie Ihren Garten – ohne Wertung, denn darin liegt die größte Erkenntnismöglichkeit. Gibt es Bereiche, die Sie nie betreten? Wo sind kranke Pflanzen, zugewucherte Beete? Gibt es eine Abstellfläche für Gerümpel? Ist Ihr Grundstück rechteckig, das heißt, sind alle Bereiche vorhanden, oder fehlen Zonen des Bagua?
Teilen Sie Ihr Grundstück in neun gleich große Bereiche und machen Sie eine Bestandsaufnahme!
Auch im Garten ist der Bereich Wissen ein ruhiger Ort zum Nachdenken und Meditieren. Ein geschützter Platz und eine bequeme Liege helfen, sich zurückzuziehen und nachzudenken, abzuschalten und inneren Frieden zu finden.

*Die größte Offenbarung ist die Stille.*

# 1. Juli

*Notizen / Geburtstage*

Terrakottatöpfe sind die klassischen Vertreter der Erdenergie. Sie stärken das Element selber, aber auch alle Bereiche im Bagua, die damit zusammenhängen: Partnerschaft, Wissen und Tai Chi. Dazu sehen sie wunderschön aus. Vor allem so üppig bepflanzt verströmen sie eine extra Portion Leben und Freude. Sie sollten auf keiner Terrasse fehlen!

# 2. Juli

*Notizen / Geburtstage*

Tür auf – es ist Sommer! Schön, wenn Innen und Außen durch eine großzügige Fenstertür verbunden sind. So wird die Terrasse zum zusätzlichen Wohnraum. Damit sich die Energie nicht komplett im Garten verliert, ist für Ihr Wohlgefühl eine optische Abgrenzung günstig.
Diese Terrasse ist von einem künstlichen Erdwall umgeben, der den Sitzplatz zum offenen Garten hin schützt. Noch schöner und effektiver, wenn dieser zusätzlich mit Blumen bepflanzt ist.
Die zwei gleichen Buxbäume auf dem künstlichen Hügel sind Wächter, die im Feng Shui eingesetzt werden, um Eingänge und Bewohner vor negativen Einflüssen zu schützen. An Vordereingängen kennt man sie als Löwen- oder Hundepaar. Sie flankieren die Tür und signalisieren Schutz und Sicherheit.

# 3. Juli

*Notizen / Geburtstage*

Weiß steht für Vollkommenheit, Licht und Wahrheit. Ein Symbol für die Abkehr von der materiellen Welt und den Übergang in eine geistige Welt. In China, wie auch lange Zeit in Europa, ist Weiß die Farbe, in der getrauert wird. Weiß unterstützt die nach innen gerichtete Energie des Metalls, die auch für Klarheit und Konzentration steht, und die Bagua-Bereiche Kinder und Hilfreiche Menschen. Aber ein Haus ganz in Weiß? Sich zurückziehen und sich sammeln – wofür Weiß steht – braucht seine Zeit im Leben, doch auch für Kommunikation, Veränderung und Beständigkeit sollte Raum sein. Sie dürfen das Weiß gerne mit Farbe (und den übrigen Elementen) bereichern!

# 4. Juli

*Notizen / Geburtstage*

Ist Ihnen eigentlich klar, wo wir – statistisch gesehen – die meiste Lebenszeit verbringen? Richtig, im Schlafzimmer. Deshalb ist es im Feng Shui auch einer der zentralen Räume. Umso interessanter, dass dieser Raum oft vernachlässigt wird, unaufgeräumt oder zugerümpelt ist. Weil wir denken, es lohnt die Mühe nicht, nachts haben wir ja eh die Augen zu. Daran sieht man, wie wenig Aufmerksamkeit wir in der westlichen Welt der Erholung unseres Körpers und Geistes schenken. Dabei schlafen wir dort nicht nur, wir entspannen, wir erleben Nähe in Partnerschaft, wir tanken Kraft für die Aufgaben und Herausforderungen des Tags. Je besser und erholter der Schlaf, umso vitaler stehen wir morgens auf und umso erfolgreicher arbeiten wir.

# 5. Juli

*Notizen / Geburtstage*

Rustikal und urgemütlich kann so ein Holzhaus ein – man fühlt sich wie im Skiurlaub! Doch sich Tag für Tag ausschließlich mit Holz zu umgeben, ist ebenso einseitig wie komplett in weißen Räumen zu leben. Auf Dauer macht sich ein Übermaß an Holz bemerkbar. Vielleicht ist es die Sturheit Ihres Kindes oder Ihr eigener Mangel an Flexibilität, der Sie mehr stört als Ihre holzbetonte Einrichtung. Doch, so ist das nun mal, Ihr Umfeld hat Einfluss auf Ihre Persönlichkeit.
Gut ausgewählt sind diese runden Teppiche. Sie betonen das Metallelement und halten die Holzenergie in Schach (Sie erinnern sich: Metall kontrolliert das Holz). Außerdem lenken die dicken Punkte den Chi-Fluss um die Ecke.

# 6. Juli

*Notizen / Geburtstage*

Öfter mal was Neues! Veränderung ist natürlich und gesund. Sie ist eine wesentliche Qualität des Holz-Elements. In allen Holzmöbeln, aber auch in dem frischen Gartengemüse und den Blumen ist sie präsent. Sie zeugt von unserem Bedürfnis nach Wachstum und Nähe zur Natur. Wie gut, denn ohne Veränderung entsteht Stillstand, und das ist das Gegenteil von Leben.
Holz ist, wie Feuer, eine aktivierende Yang-Energie. Setzen Sie Holz-Elemente dort ein, wo Sie die Stimmung im Raum anregen wollen.

*Wer ständig glücklich sein möchte,*
*muss sich oft verändern.* Konfuzius

# 7. Juli

*Notizen / Geburtstage*

Runde Formen spielen mit dem Chi. Wie Inseln werden sie umspült vom Fluss der Energie, die sich heiter und beschwingt durch die Räume bewegt. Anders bei scharfen Kanten. Sie wirken wie Unterbrechungen, die einen sanften Fluss durchkreuzen.

Ecken und Kanten gelten im Feng Shui als Verursacher von aggressiver Energie. Doch keine Angst, das bedeutet nicht, dass Sie sich ausschließlich mit runden oder abgerundeten Möbeln umgeben müssen, das würde auch kaum zur Geometrie unserer Häuser passen. Sie sollten einfach darauf achten, dass keine scharfe Kante auf Plätze zeigt, an denen Sie sich lange aufhalten – zum Beispiel auf das Bett, Ihren Lieblingssessel oder Arbeitsplatz. Und auch das ist kein Unglück. Verschieben Sie das Möbel und richten Sie die Ecke auf einen ungenutzten Bereich oder entschärfen Sie die Kante, zum Beispiel mit einer Pflanze, einem Tuch oder einer Tischdecke.

# 8. Juli

*Notizen / Geburtstage*

Wissen Sie eigentlich, welche Auswirkung unser Kram auf unser Leben hat? Sind Sie zu antriebslos zum Ausmisten? Genau. Überflüssige Dinge machen Menschen müde und lethargisch. Sie halten sie in der Vergangenheit fest und verhindern, dass Raum für Neues entsteht. Und gestaute Energie kann zu schlechter Durchblutung und Verdauung, Atemstörungen und Übergewicht führen.

Wenn wieder Energie fließt, weht ein frischer Wind. Und manche Frage löst sich nach dem Aufräumen und Aussortieren in Wohlgefallen auf. Das wirkt sich auf Ihre Lebenskraft aus!

Behalten Sie nur, was Ihnen positive Energie gibt, was Sie wirklich lieben und schätzen. Denn Ihre Entscheidungsfreude und Klarheit wirkt sich positiv auf alle Aspekte Ihres Lebens aus.

Auf dieser Kommode finden sich viele Lieblingsstücke. Wir empfehlen auch hier auszusortieren. Mehr Platz bringt die einzelnen Objekte besser zur Geltung.

BRUCE CHATWIN
UNCERTAIN UNIONS
ITALIAN
FRENCH
A. S. BYATT
SARONNO

# 9. Juli

*Notizen / Geburtstage*

Eine bekannte Feng-Shui-Regel lautet: Tür und Fenster sollen sich nicht unmittelbar gegenüber liegen. Was hat es damit auf sich?

Wenn wir einen Raum betreten, schauen wir als Erstes auf die Wand gegenüber. Ist dort ein Fenster, dann fällt der Blick direkt in den Garten, schweift über die Landschaft oder erfasst das Nachbargebäude. Vielleicht kennen Sie das, dass Sie zuerst auf das Fenster zusteuern, den Ausblick betrachten, bevor Sie sich dem Raum zuwenden. Ein Fenster zieht die Aufmerksamkeit nach draußen – und genauso die Lebensenergie Chi. Im Raum fehlen Aufenthaltsqualität, Ruhe und Stabilität.

All das hat auch mit Form und Größe des Fensters zu tun. Kleine oder unterteilte Fenster sind weniger problematisch als große Panoramafenster. Alles, was die Achse unterbricht, wie ein Leuchter an der Decke, ein hängendes Objekt genauso wie eine große Pflanze oder Skulptur, hält die Energie im Raum fest.

# 10. Juli

*Notizen / Geburtstage*

Reichtum meint Fülle auf jeder Ebene: Besitz von materiellem Wert und innere Erfüllung. Glücklich zu sein, begeistert zu sein vom Leben, von Ihren Kindern und von sich selber. Letztendlich geht es um Wert im weitesten Sinne, um Ihre Meinung über Geld, über persönliche Erfahrungen und Selbstwert.

Für die Wohnung haben wir Ihnen diesen Bereich bereits vorgestellt. Sind Sie glücklich über Ihr Leben und über Ihren Kontostand? Ein Blick in den Reichtums-Bereich lohnt sich. Denn was wirkliche Erfüllung betrifft, können wir uns alle noch steigern.

Im Garten befindet sich dieser Bereich des Bagua vom Gartentor aus betrachtet hinten links. Licht, kräftige Pflanzen, eine üppige Blütenpracht, Gartenaccessoires, die Sie mit Fülle und Reichtum verbinden, die Farben Grün und Blau (für die Elemente Holz und Wasser) und natürlich Wasser, als Quellstein, Brunnen oder Wasserlauf eignen sich wunderbar, um Ihre Aufmerksamkeit auf die Fülle und den Reichtum im Leben zu lenken.

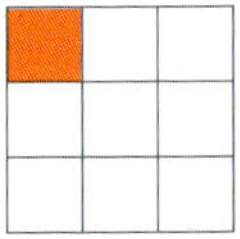

# 11. Juli

*Notizen / Geburtstage*

Auch im Garten gibt es eine Partnerschaftsecke. Hier spiegeln sich alle Ihre menschlichen Beziehungen. Wie erfüllend sind sie für Sie? Werfen Sie einen Blick auf deren Qualität: Sind Sie anderen Menschen nah oder leben Sie eher in Streit und Konflikten? Das betrifft sowohl Ihren Partner als auch Familie, Freunde, Nachbarn, Kollegen. Oder fühlen Sie sich einsam, würden gerne Ihren Freundeskreis erweitern, einen Partner finden? Hinten rechts vom Zugang aus gesehen findet sich Ihr Partnerschafts-Bereich. Schauen Sie mal hin!
Eine schöne Gartenbank, alles, was Sie mit Übereinstimmung und Harmonie assoziieren, paarweise Accessoires, wie die zwei Vögel oder zwei Pflanzen sind günstig. Blühende Blumen, die Farbe Gelb und das Material Terrakotta (Element Erde), die Farbe Rot (Element Feuer), eine Feuerstelle und helles Licht sind Möglichkeiten, um der Energie im Feld Partnerschaft neue Impulse zu geben.

*Jedes Ding hat drei Seiten:*
*eine, die du siehst, eine, die ich sehe*
*und eine, die wir beide nicht sehen.*

# 12. Juli

*Notizen / Geburtstage*

Ein exponierter Sitzplatz oder eine sehr große, offene Terrasse sind schnell unbehaglich. Man fühlt sich wie auf dem Präsentierteller. Es fällt schwer, sich zu entspannen und in Ruhe zu unterhalten, wenn man sich von Nachbarn beobachtet fühlt. Eine Pergola, wie auf dem Foto, schützt vor Einblicken und begrenzt den Raum. Begrünt mit blühenden Kletterpflanzen oder Wildem Wein, schützt Sie so ein grünes Blätterdach im Sommer sogar vor der Sonne. Auch große Pflanzkübel dienen als Sichtschutz und schaffen auf einer weiten Terrasse kleinere Bereiche.

# 13. Juli

*Notizen / Geburtstage*

Nichts ist unwichtig: Jeder Gegenstand hat Einfluss auf die Stimmung im Raum. Vor allem Ihre persönliche Beziehung zu den Dingen. Aber auch Farbe und Material strahlen etwas aus. Wir können natürlich nur das Letztere betrachten. Die dunklen Vasen mit den weißen Callas verbreiten eine konzentrierte Ruhe. Die in der Kombination von Weiß und Schwarz vorhandenen Elemente Wasser und Metall sind von Natur aus ruhig (Yin). Sie betonen das Ende von Aktivitäten, das Runterkommen vom Tun bis hin zu vollkommener Stille. Eine schöne Qualität. Wo in Ihrem Zuhause würde Sie das unterstützen?

# 14. Juli

*Notizen / Geburtstage*

Wer im Leben das Feuer vermisst, fühlt sich schlapp und antriebslos. In der Wohnung zeigt sich das häufig daran, dass Feuer-Elemente fehlen – düstere Räume, schlechte Beleuchtung und wenig Rot.
Das Feuer-Element bringt Leben in Ihre vier Wände. Schon drei rote Kissen sind eine einfache Möglichkeit, Feuer anzuregen. Wer mehr Kraft und Freude will, der fördere das Holz-Element, denn erinnern Sie sich an den Kreislauf der Elemente: Holz bringt Feuer hervor. Grüne Pflanzen, ein Blumenstrauß mit roten Blüten integrieren die Wachstumsenergie. Übermäßig viele Wasser-Elemente sollten Sie in diesem Fall reduzieren, denn die löschen das Feuer!

# 15. Juli

*Notizen / Geburtstage*

Der Wohnraum sagt viel über uns aus. Wer in diesem Wohnzimmer lebt, hat offensichtlich ein großes Bedürfnis nach Klarheit und Ordnung. Menschen, die viel Bewegung in ihrem Leben haben, vielleicht auch einen sehr herausfordernden Job, empfinden manchmal eine sehr geordnete und geometrische Einrichtung als unterstützend. Dagegen ist nichts einzuwenden.

Wenn Sie sich allerdings mehr Fluss und Bewegung in Ihrem Leben wünschen, dann wählen Sie verstärkt fließende Formen und belebte Motive. Wenn Sie mehr Freude und Lebendigkeit wollen, integrieren Sie mehr Farbe!

# 16. Juli

*Notizen / Geburtstage*

Manche Symbole sind in unserem Kulturkreis allgemein gültig, wie das Herz für Liebe, das Kleeblatt oder Hufeisen für Glück. Und manche sind Gegenstände mit persönlicher Symbolik. Zwei dekorative Teller, die Sie auf der Hochzeitsreise gemeinsam erstanden haben, inspirieren in der Partnerschaftsecke die Paarbeziehung. Stammen sie allerdings von der Exfreundin, werden sie sich kaum förderlich auf Ihre jetzige Beziehung auswirken.

Mit Symbolen ist das so eine Sache. Man könnte sagen, dass fast alles in der Wohnung Symbolcharakter hat. Denn hinter allem steckt schließlich eine Aussage: Wie Sie sich präsentieren, kleiden, einrichten und wohnen. Nicht nur die Wohnung, sondern auch (fast) jedes Teil darin hat einen dahinter liegenden Sinn.

Betrachten Sie Ihre persönlichen Schätze sorgfältig: Welche Emotionen, Gedanken und Erinnerungen verbinden Sie damit?

Sie sollten auf jeden Fall positiv und inspirierend und für Ihre jetzige Situation förderlich sein.

# 17. Juli

*Notizen / Geburtstage*

Das Bad ist ein Wasserraum. Natürlicherweise herrscht dort sogar ein Wasserüberschuss. Wie können Sie das ausgleichen? Erinnern Sie sich an den Kreislauf der Elemente? Wenn nicht, können Sie es im Vorwort nachlesen. Das Wasser-Element ernährt das Element Holz, was bedeutet: Holz verbraucht Wasser. Das ist der Grund, weshalb wir beim Badezimmer immer wieder auf die so wichtigen Holz-Elemente hinweisen. Aber das kennen Sie ja schon.
Entsprechend dem Kreislauf der Elemente wirkt auch das Element Erde ausgleichend, weil es das Wasser kontrolliert. Die liegende, rechteckige Form der Badewanne wird der Erde zugeordnet, außerdem ihre Farbe, auch wenn das Material selber zum Holz gehört.

# 18. Juli

*Notizen / Geburtstage*

Ein Wohnzimmer, in dem die Sitzmöbel kommunikativ arrangiert sind, lädt ein zu lockerem Beisammensein. Ein runder Tisch unterstützt ungezwungene Gespräche. Die starke Symmetrie dieses Arrangements wirkt ruhig und ein wenig streng. Meistens schafft eine etwas flexiblere Möblierung auch eine ungezwungenere Atmosphäre.

In diesem Wohnraum allerdings ist die Symmetrie ein angenehmer Ausgleich für die vielen unruhigen Oberflächen in Teppich, Bezügen und Tapeten. Auch der frische Blumenstrauß bringt Leben in den Raum und wirkt der Strenge entgegen.

# 19. Juli

*Notizen / Geburtstage*

Ein schöner Bagua-Bereich Hilfreiche Menschen lohnt sich: wenn Sie mehr Freunde und hilfreiche Gelegenheiten, aber auch Kunden und Klienten in Ihr Leben einladen wollen, wenn Sie Ihren Freundeskreis vergrößern möchten, wenn Sie umgezogen sind, neue Menschen kennen lernen wollen oder den Arbeitsplatz wechseln.

Besonders förderlich sind Fotos von Ihnen und Ihren Freunden und Bilder, auf denen mehrere Menschen zu sehen sind. Gerne in silbernen Bilderrahmen (Element Metall). Denn Fotos geben Freunden einen Platz in Ihrem Zuhause. So schaffen Sie Raum für Menschen, die in Ihrem Leben eine Rolle spielen.

# 20. Juli

*Notizen / Geburtstage*

Wer auf diesem schlichten Sofa Platz nimmt, kann die Gedanken schweifen lassen. Nichts stört die Ruhe. Solch ein Stillleben von klaren Formen wünschen wir uns für den Bagua-Bereich Wissen.

Denn ist dieser Bereich in Ihrem Zuhause besonders voll, unordentlich oder zugerümpelt, ist der Weg zum Wissen blockiert. Um zu lernen und zu verstehen, muss der Kopf frei sein – und die Umgebung aufgeräumt. Entrümpeln schafft Platz und Raum für neues Wissen. Dazu kommt: Viel Kram bedeutet viel Yang-Energie. Das ist gerade an diesem Platz, wo es um Stille geht, nicht förderlich.

*Dummheit ist nicht „wenig wissen“,*
*auch nicht „wenig wissen wollen“,*
*Dummheit ist „glauben, genug zu wissen“.* Konfuzius

italian gardens
London

# 21. Juli

*Notizen / Geburtstage*

Die fünf Elemente finden sich nicht nur in der Wohnung, sondern auch im Menschen wieder, in seinen Eigenschaften, Wesenszügen und Qualitäten. 100 Prozent ausgewogen ist das System nie, weil jeder Mensch bestimmte Vorlieben hat und bestimmte Charaktereigenschaften, die mehr oder weniger ausgeprägt sind.
Im System der fünf Elemente steckt die Möglichkeit, das Leben in ein Gleichgewicht zu bringen, etwa ein Übermaß an Holz (Sturheit und Unflexibilität) zurückzunehmen und wenig Erde (Unsicherheit und Unbeständigkeit) zu stärken. Denn jedes Element steht für Qualitäten, die das Leben bereichern. Alle Qualitäten zu leben, erweitert das Potenzial jedes Menschen, fördert Selbstsicherheit und ein glückliches Leben.
Die Kugel (Metall) fördert Konzentration, die Lilien (Holz) Kreativität und Wachstum, die Glasvase (Wasser) kommunikative Fähigkeiten, das Feuer aktive Lebenskraft und der Stein (Erde) Stabilität und Sicherheit.

# 22. Juli

*Notizen / Geburtstage*

Das Thema Karriere und die Eigenschaften, die damit zusammenhängen, kennen Sie bereits. Jetzt geht's darum, sich diesen Bereich genau anzuschauen.
Der Bereich Karriere des Bagua liegt im vorderen, mittleren Teil Ihrer Wohnung oder Ihres Hauses. Häufig direkt im Eingangsbereich, so wie auf dem Foto, oder mit diesem in einer Ebene.
Fehlt dieser Bereich in Ihrem Zuhause, stellt sich manchmal die Frage nach dem Sinn des Ganzen oder der eigenen Berufung. Vielleicht sind Sie unzufrieden in Ihrer Arbeit und tun sich schwer, eine neue Ausrichtung zu finden. Unordnung und Gerümpel in diesem Bereich erschweren das Vorwärtskommen im Leben massiv und führen zu Stagnation. Dann kostet es Sie viel Anstrengung, das Leben zu bewältigen. Schauen Sie mal nach. Was liegt in Ihrem Karriere-Bereich?
Zwei gleiche Durchgänge in der abgebildeten Eingangsdiele – vielleicht fällt es den Bewohnern schwer, sich für einen Weg zu entscheiden.

*Wer im Leben glücklich werden will,*
*der muss seine Arbeit lieben lernen.* Chinesisches Sprichwort

# 23. Juli

*Notizen / Geburtstage*

Ein schöner Ausblick inspiriert uns. Dabei ist es gut, wenn Sie sowohl eine weite Sicht über die Landschaft haben, als auch Interessantes und Erfreuliches im nahen Umfeld sehen. Wenn sich der Blick und die Gedanken in der Ferne verlieren, entsteht vielleicht manch neue Idee und Vision, und der Blick in einen lebendigen Garten fokussiert Ihre Kraft auf das Hier und Jetzt.
Tisch, Stühle, eine vielfältige Gartengestaltung und ein schöner Ausblick bieten sowohl einen weiten Horizont und lebendige Fülle in greifbarer Nähe.

# 24. Juli

*Notizen / Geburtstage*

Ein mit Rosen bepflanzter Torbogen markiert den Übergang zur Außenwelt oder zu anderen Bereichen im Garten. Er ist optisches Zeichen der Abgrenzung und gleichzeitig einladend und offen. Die Rosen haben eine besondere Wirkung: ihnen werden transformierende Eigenschaften zugeschrieben. Sie reinigen Gedanken und Gefühle und heben uns auf ein höheres Energielevel.

# 25. Juli

*Notizen / Geburtstage*

Riechen Sie schon den aromatischen Duft von Lavendel? Der gedeiht zum Glück nämlich nicht nur in der warmen Sonne der Provence, sondern auch wunderbar bei uns zu Hause, an einem sonnigen Platz auf der Terrasse. Auch getrocknet duftet Lavendel ungeheuer intensiv und wird gerne im Kleiderschrank zum Schutz vor Motten eingesetzt.

Lavendel gehört zu den Pflanzen des Elements Wasser. Zusammen mit den schwarzen Töpfen stärkt Lavendel Ihre Kommunikations- und Anpassungsfähigkeit.

# 26. Juli

*Notizen / Geburtstage*

Sicherheit hat für viele Menschen einen sehr hohen Stellenwert im Leben. Auf der praktischen Ebene bedeutet das: Wir bauen Häuser gerne aus Stein. Oder aus anderen Materialien der Erde: Kies, Terrakotta, Ziegel und Putz. Sie schaffen ein stabiles Umfeld und stärken unsere innere Sicherheit. Deshalb macht auch das Werkeln mit all diesen Dingen im Garten und auf dem Balkon so viel Spaß.
Wer sich unsicher und haltlos fühlt, dem fehlt genau diese Energie der Erde. Auch gedankenloses und egoistisches Verhalten gehört dazu. Ein Übermaß an Erdenergie äußert sich übrigens in extrem großzügigem Verhalten. Solche Menschen neigen dazu, sich selbst an letzte Stelle zu setzen.

*Dass die Vögel der Sorge und des Kummers über deinem Haupte fliegen, kannst du nicht ändern. Aber dass sie Nester in deinem Haar bauen, das kannst du verhindern.*

PLEASE
RING

# 27. Juli

*Notizen / Geburtstage*

Wirklich einladend, so eine geräumige Diele, mit genügend Platz zum An- und Ausziehen. Der Raum ist hell und freundlich, und für die wohnliche Note ist die Bank verantwortlich. Zusammen mit dem Bild und der Lampe weist sie den Weg ins Wohnzimmer. Wir sind gespannt, wie es hier weitergeht.
Gut: Nur wenige, der Jahreszeit entsprechende Schuhe sind unter der Bank abgestellt. Der Rest ist unsichtbar im Schrank verstaut.

# 28. Juli

*Notizen / Geburtstage*

Rot ist ein Hingucker, Rot sorgt für Aufsehen. Es ist die Farbe der Liebe, der Kraft und Wärme und Signal der Warnung und Gefahr.

Rot ist definitiv eine dominante Farbe und sollte im Wohnbereich sparsam eingesetzt werden. Rot macht wach und aktiv, beschleunigt Puls und Blutdruck und stärkt das Immunsystem. Im Schlafzimmer entfacht es die Leidenschaft und kurbelt das Liebesleben an. Wer sehr aktiv und nervös ist, zu Wutanfällen, Panikattacken und Bluthochdruck neigt, sollte auf die Farbe Rot im Wohnbereich nahezu verzichten.

Diese strahlende Farbe unterstützt das Element Feuer, passt gut in aktive Räume und belebt energieschwache Zonen in der Wohnung. Das kühle Blau des Geschirrs bildet einen schönen Kontrast zu der roten Wand.

# 29. Juli

*Notizen / Geburtstage*

Ideal ist, wenn der Blick von der Diele direkt ins Wohnzimmer gelenkt wird, wie in diesem Flur, der sich zu einem Wohn-Essraum hin weitet. Ihre Aufmerksamkeit befindet sich dann bei allem, was Sie mit dem Wohnzimmer verbinden, mit dem sozialen Leben, das in diesem Gemeinschaftsraum stattfindet. Hier kommen Familie und Freunde zusammen, erzählen und lachen, Kinder spielen drumherum. Genauso ist es für uns ein Ort der Entspannung, an dem wir uns von der Arbeit ausruhen, fernsehen, lesen. Die Bildergalerie an der Flurwand leitet unterhaltsam über in diesen Wohnbereich.

# 30. Juli

*Notizen / Geburtstage*

Fenster sind eine Öffnung für die Lebensenergie Chi. Sie versorgen die Innenräume der Wohnung mit Licht und Luft. Also: große Fenster gleich viel Chi. Gleichzeitig geht über die Fenster auch Chi verloren. Von Größe, Form und der Lage im Raum hängt ab, wie lange die Energie im Raum verweilt. Sehr große Fensterflächen erlauben viel Austausch zwischen innen und außen. Das erzeugt in stark verglasten Häusern Bewegung und Unruhe. Zudem bieten große Fenster wenig Schutz und Sicherheit. Sie fühlen sich vielleicht der Umwelt ausgesetzt, orientierungslos und unsicher.

Hier ist Drinnen gleich Draußen, denn der Innenraum ist großzügig mit dem Garten verbunden. Was macht das Chi? Es ist in Bewegung! Der rote Sessel zieht die Aufmerksamkeit an und wirkt – auch in seiner Farbigkeit – wie eine Chi-Bremse vor dem Fenster.

# 31. Juli

*Notizen / Geburtstage*

Eine offene Mitte: Das ist besonders gut, wenn sich dort Ihr privater Innenhof befindet. Aus diesem Grund hat das traditionelle chinesische Haus ein Atrium. Auch in diesem Außenbereich soll das Chi in der Mitte zirkulieren. Achten Sie in diesem Fall darauf, dass Tisch und Stühle das Tai Chi nicht verstellen.
Ausgesprochen ungünstig ist es, wenn dieser Bereich nicht zu Ihrem Zuhause gehört. Das betrifft Wohnungsgrundrisse in U- oder L-Form, wenn „Ihre Gesundheit“ dem Nachbarn gehört, oder alle Bewohner über das Treppenhaus durch „Ihre Mitte“ laufen. Unruhe und Instabilität, auch Krankheit und Orientierungslosigkeit können die Folge sein. Stärken Sie in diesem Fall den Bereich um Ihre fehlende Mitte mit Attributen des Elements Erde. Sie können die Wände gelb streichen, auch Steine und Tongefäße können helfen.

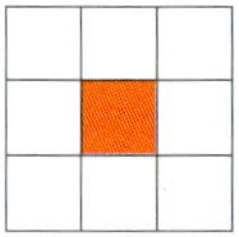

# 1. August

*Notizen / Geburtstage*

Der Bagua-Bereich Hilfreiche Menschen meint: Unterstützung geben und empfangen. Zwei Dinge und letztlich eins, denn wer andere unterstützt, beschenkt sich selber. Ganz Praktisches ist gemeint, wenn zum Beispiel Ihre Freunde beim Umzug helfen. Genauso geistig-spirituelle Unterstützung: Es gibt Menschen, die Ihnen vertrauen und die Sie so sehr in Ihren Zielen und Projekten ermutigen, dass Sie über sich selber hinauswachsen. Auch Autorität und Männlichkeit werden mit dieser Zone verbunden. Ahnen Sie, was gemeint ist?

Im Hausgarten befindet sich der Bagua-Bereich Hilfreiche Menschen gleich nach dem Gartentor vorne rechts. Ein Platz für Ihre Freunde, ein gepflegtes Beet, Gegenstände, die Sie an Ihre Freunde erinnern und Gartenaccessoires aus Metall aktivieren die Energie in diesem Bereich. Günstig sind die Farben Weiß, Silber, Gold (Element Metall) und Gelb, Terrakotta und andere Erdtöne (Element Erde).

Hier gibt ein Hahn den Ton an. Er ist der „Chef" im Stall und als solcher Zeichen von Männlichkeit und Führung.

# 2. August

*Notizen / Geburtstage*

Wasser fließt, plätschert, rauscht, stürzt abwärts oder steht – wir haben viele klangvolle Worte, um Kraft, Geschwindigkeit und unterschiedliche Zustände des Wassers zu beschreiben.
Im Feng Shui ist fließendes Wasser ein Symbol für Kommunikation, stehendes Wasser dagegen für Weisheit und Wissen. Stille Wasser sind tief, sagt das Sprichwort und meint, dass hinter Menschen, die sich wenig mitteilen, mehr steckt als man vermutet.
Das Element Wasser steht für den Winter, die Nacht und den Norden – Phasen der Ruhe, Dunkelheit und Stille und im weiteren Sinne Zurückgezogenheit und Einsicht.
Und noch etwas: Wasser findet immer einen Weg – ein Bild für die Fähigkeit, sich jeder Situation anzupassen und sich durchzusetzen.

# 3. August

*Notizen / Geburtstage*

Pflanzen sind ideal, um das Chi im Raum zu verbessern. Sie fördern die Bereiche Familie und Reichtum und beim Menschen das Element Erde. Denn Pflanzen zu pflegen bedeutet, ihnen Aufmerksamkeit und Zeit zu schenken. Und sich kümmern und sich sorgen sind Eigenschaften der Erde.

Noch ein paar Tipps: Nur gesunde Pflanzen geben gute Energie. Verkümmerte, vertrocknete und von Schädlingen befallene Pflanzen wirken sich negativ aus. Entfernen Sie regelmäßig trockene Blätter und trennen Sie sich von Pflanzen, die nicht richtig wachsen wollen. Künstliche Pflanzen sind zwar nicht lebendig, können aber als grüne Objekte dunkle Ecken auffrischen.

Am großen Esstisch haben Familie und Freunde Platz. Dank der vielen, auch blühenden Pflanzen fühlt man sich fast wie im Garten.

# 4. August

*Notizen / Geburtstage*

Wasser unterstützt den Karrierefluss. Im Bereich Karriere geht es nicht nur um Ihren steilen beruflichen Aufstieg, sondern auch um Ihren persönlichen Lebensweg. Sich dem Fluss des Lebens anzupassen heißt, sich weiterzuentwickeln und neue Herausforderungen anzunehmen.

Im Garten liegt dieser Bereich im vorderen mittleren Drittel und auf einer Ebene mit dem Zugang zum Haus. Hindernisse in Form von Gerümpel, wuchernden Pflanzen und Stolpersteinen sollten entfernt werden. Geschwungene Wege und fließendes Wasser, wie auf dem Foto, symbolisieren den Lebensweg und Karrierefluss. Licht erhellt Ihren Weg, und alle runden Formen transportieren die fließende Energie des Wassers. Günstige Farben sind Blau und Schwarz und die Metallfarben Grau, Silber und Gold. Ungünstig im Foto ist die Farbe Rot. Denn Rot steht für Feuer und gerät in Konflikt mit der karrierefördernden Energie des Wassers.

*Der Frosch im Brunnen ahnt*
*nichts von der Weite des Meeres.*

# 5. August

*Notizen / Geburtstage*

Eine Sitzecke im Familien-Bereich signalisiert Zusammengehörigkeit und Raum für Familie. Der Bereich Familie, im Bagua links in der Mitte, meint unsere Wurzeln – Eltern, Großeltern, Ahnen. Wie ist Ihre Beziehung zu Familie und Vergangenheit? Dankbar, eher gleichgültig, oder voller Vorwürfe? Wir sehen das so: Ihre Vergangenheit und Ihre Familie verdienen Ihre Anerkennung, denn ohne Vergangenheit gäbe es Sie nicht. Frieden mit der Familie ist die Voraussetzung für ein glückliches Leben im Hier und Jetzt!
Sorgen Sie hier für einen klaren, aufgeräumten Platz, denn Ordnung hilft Ihnen, alte Energien loszulassen. Wasser, als Quellstein, Brunnen, Teich oder kleiner Bachlauf, erfüllt diesen Bereich mit lebendigen Schwingungen. Pflanzen mit hohem Wuchs, vertikale Accessoires, die Holzfarben Grün und Türkis, die Wasserfarben Blau und Schwarz unterstützen das Wachstumspotential.

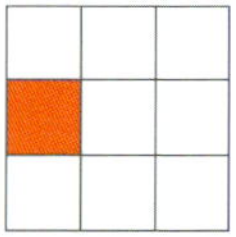

# 6. August

*Notizen / Geburtstage*

Gut, wenn Sie sich die Lage Ihres Badezimmers im Haus aussuchen können. Dann wählen Sie einen zurückgezogenen Platz. Problematisch ist ein Bad im Eingangsbereich, in der Hausmitte (Bagua-Bereich Gesundheit) und im Bereich Reichtum. Mit dem Wasser fließen Lebenskraft und Geldenergie ab. Das kann sich negativ auf Ihre Gesundheit und Finanzen auswirken. Eine einfache Feng-Shui-Maßnahme: Ebenso wie im Schlafzimmer hilft ein kleiner Spiegel an der Tür, die Energie von diesem Raum abzulenken – und es ist gut, die Türe und den Toilettendeckel immer geschlossen zu halten.
In diesem Bad kontrollieren Erd-Elemente – die Waschschüssel und die Fliesen in Terrakotta-Tönen – die Wasserenergie und geben dem Raum eine warme und freundliche Stimmung.

# 7. August

*Notizen / Geburtstage*

Zu innerer Ruhe finden viele Menschen am besten in der Natur. Fantastisch dafür ist die Kuppe eines Bergs. Nur Weite und Stille, und der Alltag wird ganz klein. Der Berg, das Bild für den Bagua-Bereich Wissen, sagt viel aus über das Wesen und die Eigenschaften, die mit diesem Bereich verbunden sind: Stabilität, Unerschütterlichkeit und Stille. Eine ruhige Nutzung ist von Vorteil, um den Zugang zum inneren Wissen zu finden.
Wenn der Wissens-Bereich fehlt, vermissen Sie vielleicht einen Rückzugsort und innere Ruhe im Leben. Besonders wichtig, sich extern darum zu bemühen. Vielleicht haben Sie auch das Glück, dass der Fehlbereich im privaten, geschützten Innenhof liegt. Schaffen Sie hier einen Ort der Meditation und des Rückzugs.

*Die Kraft des Geistes
ist grenzenlos, die Kraft
der Muskeln ist begrenzt.* Koichi Tohei

# 8. August

*Notizen / Geburtstage*

In dem Bagua-Bereich Kinder findet sich unser Bedürfnis, Neues zu schaffen, wieder. Er spiegelt unsere Kreativität und unsere Beziehung zu Kindern und geistigen Kindern – Projekten und Ideen. Die Hauptqualität des Kinder-Bereichs ist Freude: Freude daran, sich kreativ auszudrücken, Spaß mit Kindern, Begeisterungsfähigkeit und Leichtigkeit in Projekten und Aufgaben.
Rechts in der Mitte des Bagua liegt der Kinder-Bereich. Haben Sie Kinder, ist dies der Platz für Sandkasten und Schaukel. Oder auch ein Ort für kreative Hobbys wie Malen oder Gärtnern. Alles, was Freude und Heiterkeit bereitet, gehört hierhin: ein lebendiges, buntes Blumenbeet, ein Klangspiel, bunte Windräder und Skulpturen und Objekte aus Metall. Die Metallfarben Weiß, Silber und Gold sowie die Erdfarben Gelb und Braun sind ebenfalls unterstützend.

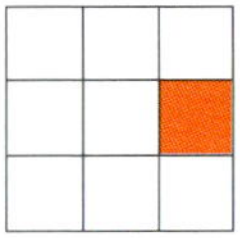

# 9. August

*Notizen / Geburtstage*

Runde Formen passen zum natürlichen Verlauf der Natur, fördern Kreativität und Bewegung. Eckige Formen sind statisch und fördern strukturiertes Denken. Gut ist, wenn Sie beides vereinen – sowohl in der Einrichtung wie in Ihrem Leben. Eine geschwungene Treppe nimmt die Bewegung im Raum auf und leitet sie in die oberen Geschosse. Der weiche Schwung lässt andersherum die Energie sanft in den Wohnraum fließen. Die Dynamik der Treppe steht im Gegensatz zu der klaren Geometrie des Essplatzes.

# 11. August

*Notizen / Geburtstage*

Violett besteht aus Blau und Rot – im Feng Shui eine Kombination aus Wasser und Feuer. Im Kreislauf der Elemente heißt das: In dieser Mischung werden zwei sich kontrollierende Kräfte verbunden. Im übertragenen Sinne vermittelt Violett also zwischen Gegensätzen. Das passt. Denn im religiösen Umfeld steht Violett für Transformation und vermittelt zwischen Mensch und Gott, Himmel und Erde.
Auf den Menschen wirkt die Farbe harmonisierend. Sie regeneriert Nervensystem und Stoffwechsel und balanciert das Gegeneinander von Verstand und Kreativität aus. Je nach Mischungsverhältnis und Intensität hat Violett eine eher dramatische (hoher Rot-Anteil) oder eine leichte und erfrischende Ausstrahlung (hoher Blau-Anteil).

# 12. August

*Notizen / Geburtstage*

Fenster sind die Augen des Hauses (siehe auch 18. Mai), und Augen werden im Feng Shui dem Element Holz zugeordnet. Sind die Scheiben gesprungen oder stark verschmutzt, lassen sich die Fensterflügel schwer öffnen, oder haben Ihre Fenster sonst irgendeinen Defekt, deutet das auf ein Holz-Problem hin. Konkret: Auf der körperlichen Ebene kann dies auf Schwierigkeiten mit Leber, Gallenblase oder den Augen hinweisen, auf der emotionalen Ebene auf Menschen, die gelegentlich zu jähzornigen Ausbrüchen neigen. Reparieren Sie Ihre Fenster und prüfen Sie auch Ihre Wohnung auf ein Übermaß an Holzenergie. Werfen Sie vor allem einen Blick in die Räume im östlichen Teil (Himmelsrichtung des Elements Holz) Ihres Zuhauses!

# 13. August

*Notizen / Geburtstage*

Der Zustand einer Treppe ist wichtig für Ihre Sicherheit – logisch. Stolperfallen und Hindernisse, sämtliche Unsicherheiten sollten entfernt werden. Denn eine Treppe herunterzufallen, ist definitiv unangenehm bis gefährlich. Achten Sie darauf, dass die Stufen intakt und rutschfest sind und nicht wackeln. Geländer sollen Halt bieten, denn auf einer Treppe wollen wir uns sicher fühlen: lockere Griffstangen unbedingt befestigen. Auch wenn sehr reduzierte (oder gar keine) Geländer elegant und leicht wirken, entsprechen sie nicht unserem Sicherheitsbedürfnis. Ausreichend geschlossen sollten sie immer sein, wenn Kinder im Haus sind. Und bestimmt ist die Treppe keine Ablage für Dinge auf dem Weg nach oben.

Diese Treppe hat Charme und passt zum Charakter des alten Gebäudes. Die ausgetretenen Stufen allerdings machen das Begehen unsicher und sollten restauriert werden.

# 14. August

*Notizen / Geburtstage*

Ältere Kinder brauchen in ihrem Zimmer keinen Platz mehr zum Spielen. Neben dem Schlafen nutzen sie ihr Zimmer als privaten Rückzugsort und zum Lernen. Während jüngere Kinder ihre Hausaufgaben gern am Küchentisch machen, weil sie in Gesellschaft sind und viel Unterstützung brauchen, sollten ältere Kinder einen eigenen Arbeitsplatz haben, an dem sie sich in Ruhe konzentrieren können – und an dem sie gerne sitzen. Dabei hat die Position des Schreibtischs Einfluss auf ihr Arbeits- und Lernverhalten. Genauso wie Erwachsene sollten Kinder nicht mit dem Rücken zur Tür sitzen, sondern so, dass sie die Tür im Blick haben. Steht der Schreibtisch direkt vorm Fenster, erscheint das zunächst angenehm, kann jedoch leicht ablenken und dazu führen, dass ein Kind eher träumt als lernt.

*Wenn die Kinder klein sind,*
*gib ihnen Wurzeln.*
*Wenn sie groß sind, gib ihnen Flügel.*

Jackson Pollock

# 15. August

*Notizen / Geburtstage*

„My home is my castle“: Sich zur Außenwelt abzugrenzen, entspricht unserem natürlichen Bedürfnis nach Schutz. Je massiver die Grenze allerdings, umso deutlicher die Abgrenzung, umso weniger Offenheit gegenüber der Umwelt – und möglicherweise umso weniger Gäste, die diese Grenze überschreiten. Besonders eine massive Mauer ist ein deutliches Signal. Da ist der mit einer Kletterrose bewachsene Durchgang ein schöner Kontrast. Die Rose nimmt der Mauer die Dichte, wirkt sanft und einladend.

# 16. August

*Notizen / Geburtstage*

Die Natur kennt keinen rechten Winkel: Geschwungene und runde Formen wechseln sich ab mit spitzen und eckigen. In Bachläufen und Wasserbewegungen, in Blattformen und Blüten, in handschmeichlerischen Kieseln und schroffem Gestein. Der rechte Winkel entspricht dabei unserem rationalen Denken.
Weder das eine noch das andere ist besser oder schlechter. Ein harmonisches Nebeneinander (Yin und Yang!) schafft ein lebendiges und inspirierendes Umfeld. Zwei ineinander verschlungene Hecken vereinen Geometrie und Bewegung. Der gegenläufige Fluss assoziiert Gegensätzlichkeit, der Schnittpunkt Gemeinsamkeit.

# 17. August

*Notizen / Geburtstage*

Vor allem in Großstädten ist ein Außenplatz Luxus – selbst, wenn er noch so klein ist. Und, wie Sie sehen, kann sogar ein trister Hinterhof einen Hauch von Garten bekommen!

Eine Lupine, die großflächig auf Stoff gedruckt wurde, erfrischt diesen Sitzplatz mit der ganzen Farbenpracht eines lebendigen Gartens. Eine witzige und kreative Idee für alle, die kein grünes Fleckchen ihr Eigen nennen! Und auch nachahmenswert, wenn man unansehnliche Wände verstecken möchte.

# 19. August

*Notizen / Geburtstage*

Licht hat Einfluss auf die Stimmung im Raum. Klar, sagen Sie: Kerzenlicht ist warm und gemütlich, Neonlicht kalt und unwohnlich. Doch nicht nur das: Es gibt Leuchten, die nach oben oder nach unten strahlen, Stehleuchten, Hängeleuchten, Wandleuchten, Strahler und zahlreiche Arten von Schirmen – und sie alle haben eine unterschiedliche Wirkung auf die Raumatmosphäre.
Bei niedriger Deckenhöhe, Schrägen und vielen massiven Möbeln drückt die Energie nach unten. Deckenfluter und Wandleuchten, die nach oben strahlen, bringen Leichtigkeit und lassen den Raum offener und höher erscheinen. In sehr hohen Räumen dagegen sind Hängeleuchten, die nach unten strahlen, günstig, um den Raum zu erden und den untere Raumbereich zu betonen.
Sowohl die große Hängelampe als auch die Bodenleuchte, die gleichzeitig als Abstellfläche dient, halten die Energie im abgebildeten Zimmer am Boden, auch der Teppich und die kompakte Liege. Gut für den Raum, der sparsam möbliert und sehr hoch ist.

# 20. August

*Notizen / Geburtstage*

Menschen sind unterschiedlich: der eine eher ein kreativer Geist (siehe Element Holz), der andere der präzise Denker. Ausgewogene Metallenergie kennzeichnet Menschen, die analytisch denken, präzise arbeiten, sich klar ausdrücken und gut mit Zahlen und Finanzen umgehen können. Geraten diese Fähigkeiten aus dem Gleichgewicht, werden Menschen entweder unentschlossen und zurückgezogen, oder rechthaberisch und geldfixiert.
Ihre Beobachtungsgabe ist gefragt. Wie schätzen Sie sich ein und wie sieht's mit Metallenergie in Ihrer Wohnung aus?
Der runde, weiße Tisch und die verchromten Stühle stehen für das Element Metall und sind förderlich für Konzentration und Entschlossenheit.

*Wer einen Fehler macht*
*und ihn nicht korrigiert,*
*begeht einen zweiten.* Konfuzius

# 21. August

*Notizen / Geburtstage*

Ein entlegener Raum, ruhig in Farben und Möblierung, ist bestens geeignet für Ihr Schlafzimmer. Die schwere Kiste am Fußende des Betts ist eine zusätzliche Ablagefläche und gleichzeitig ein Schutz.
Wenn Ihr Bett in der Flucht der Tür oder direkt gegenüber einem Fenster steht, hilft so ein Möbelstück am Fußende den Schlafbereich zu beruhigen. Denn zeigen Ihre Füße genau zur Türöffnung, liegen Sie wie aufgebahrt. Ein Möbelstück – wie hier die schwere Truhe oder auch ein an die Decke gehängtes Objekt – wirkt da als Stopper und bremst den Energiefluss.

# 22. August

*Notizen / Geburtstage*

Große Körbe erleichtern im Bad die Ordnung – wenn sie denn regelmäßig durchsortiert werden. Leere Flaschen, nie verwendete Cremes und unbenutzte Geräte, wie der defekte Rasierapparat oder der alte Lockenstab – weg damit! Gerümpel im Bad erzeugt eine verwirrende und unklare Stimmung, die ungünstig ist für einen Ort der Reinigung und Regeneration.
Nach all diesen Kapiteln über Ordnung und Entrümpeln: Wozu all das Sammeln, Aufbewahren, Horten? Wir alle kennen diese Gedanken: Vielleicht brauche ich den alten Fön, wenn der neue kaputtgeht, vielleicht wird dieser Rock wieder modern, außerdem war er so teuer (oder so ein Schnäppchen) ... Wir alle haben Angst, Dinge loszulassen. Das hängt zusammen mit unserer Angst vor Mangel – und wir merken nicht, dass auf diesem Standpunkt der Mangel längst da ist. Wer Dinge hortet, vertraut nicht darauf, dass das Leben ihn versorgt. Er meint, für alle widrigen Fälle des Lebens gerüstet sein zu müssen. Vertrauen dagegen stellt den Blick ein für Fülle und für ganz neue Erfahrungen.

# 23. August

*Notizen / Geburtstage*

Kennen Sie das? Sie öffnen den Badschrank, und schon fallen Ihnen Bürsten, Wattepads und Waschlappen entgegen. Wie überall im Haus, ist die Vollstopf-Taktik immer ungünstig. Unser Tipp: Sortieren Sie gnadenlos aus. Sie werden sich wundern, wie viele fast leere Behälter Sie finden. Entsorgen Sie alles, was Sie nicht gerne benutzen, zum Beispiel den vielleicht teuren, aber ungeliebten Duft. Wenn Ausmisten nicht reicht, sorgen Sie mit einem neuen Regal für mehr Platz oder quartieren Sie die Handtücher aus. Sie werden sehen, auch das mobilisiert die Energie im Bad.
Der abgerundete Raumteiler lässt das Chi gefällig ins Bad fließen und ist gleichzeitig ein schöner Blickfang für ausgewählte Badartikel.

# 24. August

*Notizen / Geburtstage*

Haben Sie Bilder in Ihrem Essbereich hängen? Lassen Sie sie einmal bewusst auf sich wirken. Welche Atmosphäre verbreiten sie? Düstere und belastende Motive haben am Esstisch nichts zu suchen. Richtige Gute-Laune-Bilder gehören an den Platz, an dem wir täglich auftanken. Auch konkrete Motive sind günstiger als abstrakte, weil Letztere uns mehr zum Nachdenken bringen und vom Essen ablenken.

Das große farbige Bild passt in seiner Entsprechung zum runden Tisch wunderbar hierher und verbreitet eine heitere und fröhliche Stimmung.

# 25. August

*Notizen / Geburtstage*

Einfach schön, wie die Bewohner diesen gemauerten Innenhof mit Blumen, Bäumchen und Kletterpflanzen in ein kleines Gartenparadies verwandelt haben. Terrakotta-Töpfe lassen sich vielfältig bepflanzen und zu kleinen Farb-Ensembles zusammenstellen. Sehr wirkungsvoll – und pflegeleicht – ist das Beranken der Wände mit Clematis, Efeu oder Knöterich. Achten Sie auf Abwechslung. Es ist die Vielfalt in Farben und Pflanzenwuchs, die einen Außenbereich zu einem lebendigen Stück Natur macht.
Übrigens: Eine Sitzecke ist ideal im Familien-Bereich, ebenso Holzmöbel und die aufrechte Form des Sonnenschirms.

# 26. August

*Notizen / Geburtstage*

Im Bereich Ruhm zeigt sich Ihre Wirkung nach außen. Im Bagua liegt dieser Bereich im hinteren mittleren Drittel. Berühmte Persönlichkeiten genießen großes Ansehen, genauso wie Menschen mit besonderen Erfolgen. Doch Ansehen und Ruf haben nur bedingt mit dem Doktortitel zu tun, sondern vor allem damit, was Sie ausstrahlen. Eine positive Ausstrahlung entsteht, wenn Sie selber „Licht" sind, sozusagen ein leuchtendes Beispiel: durch Ihre Lebensfreude und Klarheit, weil Sie integer sind und authentisch.
Ziel ist nicht, sich von der Meinung anderer abhängig zu machen. Wie andere Sie sehen, dient lediglich der Erkenntnis. Wichtig ist in erster Linie, was Sie selber von sich denken. Ein Kunstwerk hat eine besondere Ausstrahlung – im Feld Ruhm auch förderlich für Ihr persönliches Ansehen!

*Der edle Mensch findet Freude in sich selbst,*
*während der gemeine sich nur freut,*
*wenn er von anderen anerkannt wird.* Konfuzius

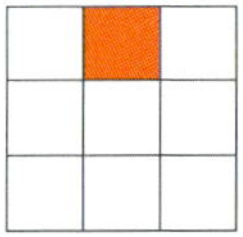

# 27. August

*Notizen / Geburtstage*

In einer gut sortierten Küche macht das Kochen Spaß: Genug Platz zum Arbeiten, eine klare Organisation und eine helle Beleuchtung sind die wichtigsten Voraussetzungen. Noch zwei Tipps:

1. Platzieren Sie Herd und Spüle / Spülmaschine oder Kühlschrank nicht unmittelbar nebeneinander. Der Herd als wichtigster Teil der Küche steht für das Element Feuer und gerät sonst mit den Wasser-Elementen in Konflikt (siehe „Kreislauf der Elemente“ im Vorwort). Ausgleichend wirkt in solch einem Fall das Element Holz. Eine Holzarbeitsplatte, ein Holzbrett, Pflanzen oder Kräuter vermitteln zwischen Wasser- und Feuerenergie.
2. Achten Sie immer darauf, dass alle Abflüsse in Ordnung sind. Verstopfte Rohre stehen ebenfalls für stagnierende Energie. Auch tropfende Wasserhähne gehören repariert, denn Wasser steht für Geld – was ja auch angesichts der Kosten für Energie nicht nur symbolisch der Fall ist.

# 29. August

*Notizen / Geburtstage*

Das Thema des Bagua-Bereichs Ruhm kennen Sie bereits. Wenn Sie die Energie in diesem Feld anregen möchten, wenn Sie Ihre Ausstrahlung verbessern wollen, gibt es hierfür verschiedene Möglichkeiten – spirituelle Objekte sind eine davon. Sie schaffen eine Öffnung für Erkenntnis bis hin zu Erleuchtung.
Besonders, wenn Sie sich mehr Klarheit im Leben wünschen, können Sie sich in diesem Bereich von Bildern und Dingen unterstützen lassen, die für Sie Erkenntnis symbolisieren – zum Beispiel eine Buddhafigur wie auf dem Foto.

# 30. August

*Notizen / Geburtstage*

Zum Nachdenken, Lernen und Meditieren braucht man Ruhe. Deshalb sollte der Wissens-Bereich im Garten ein vor Lärm und Einblicken geschützter Platz sein. Im Bagua befindet sich dieser Bereich vorne links im Garten, in einer Ebene mit dem Gartentor.

Wissen symbolisiert unsere natürliche Neugierde, den Drang zu lernen. Wissen zeigt sich im Sammeln von „äußerem" Wissen und im Zugang zum „inneren" Wissen – Fachwissen und Bildung einerseits, Intuition und Weisheit andererseits. Interessant, dass diese Neugier bei vielen Menschen im Laufe der Jahre verloren gegangen ist. Wenn Sie Ihren Zugang zu Wissen, Weisheit und zu einer natürlichen Selbstsicherheit wieder aktivieren möchten, setzen Sie die Farbe Gelb ein, Erdtöne, das Material Terrakotta und alle Feuer-Elemente. Die Erdenergie unterstützt nämlich die Hauptqualitäten dieses Bereichs: Ausgeglichenheit und inneren Frieden.

Der schwere Terrakottakübel im Foto strahlt Ruhe aus, stabilisiert und unterstützt die friedliche Stimmung in diesem Bereich.

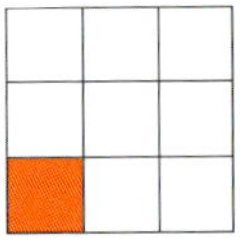

# 31. August

*Notizen / Geburtstage*

Auch das kommt vor: ein schattiger Garten. Die Bäume, die Sie vor Jahren gepflanzt haben, sind mittlerweile hoch gewachsen und nehmen Ihrem Garten viel Licht. Und wo viel Schatten ist, ist es schnell feucht und düster. Yin-Energie ist im Überschuss vorhanden – das kann zu Lethargie und Antriebslosigkeit führen. Der erste Schritt: auslichten und freie Flächen schaffen. Helles Licht, eine Feuerstelle und Blumen in kräftigen Farben verstärken die lebendige Yang-Kraft. Ideal sind Holz- und Feuerpflanzen, zum Beispiel Eisenhut und Feuerlilien.

# 1. September

Eine Treppe bedeutet viel Bewegu
problematisch, außer, sie liegt im
ständige Bewegung in „Ihrem Ze
Rastlosigkeit. Stabilität in diesem
und am Fuß der Treppe. Auch die
Wenn der Grundriss es zulässt, dar
ke, Unordnung und besondere Er
denheit mit Ihrer Mitte.

# 2. September

*Notizen / Geburtstage*

Dies ist kein Pool, sondern eine großflächige Dachverglasung! Sie öffnet den Wohnraum und sorgt für jede Menge Licht. Ihrem Wachstum sind keine Grenzen mehr gesetzt. Die Vorstellung, vom Sofa direkt in die Bäume oder sogar in den Himmel zu schauen, ist sicher verlockend. Ob diese aufwändige Möglichkeit auch für Sie passt, kommt auf den Typ an. Für den einen ist die große Öffnung ein Befreiungsschlag, für andere einfach nur unsicher. Tatsache ist, dass leicht die Bodenhaftung verloren geht. Eine behagliche Gestaltung ist ein guter Ausgleich, zum Beispiel mit schweren Möbeln, einem gemütlichen Sofa oder einem weichen Teppich.

# 3. September

*Notizen / Geburtstage*

Wer über die Maßen mit der Vergangenheit beschäftigt ist, dem fehlt der Kopf dafür, Neues zu erschaffen. Wer dagegen Rückhalt aus der Familie erlebt, fühlt sich frei, seinen eigenen Weg zu gehen. Kinder, die von ihrer Familie gestärkt werden, können sich optimal entwickeln. Der Familien-Bereich im Bagua hat Einfluss auf den Kinder-Bereich. Ist dieser positiv gestaltet, ist das nicht nur gut für eine harmonische Familiensituation, sondern auch für Ihre Kinder und Projekte. Die hohen Säulen sind typische Holz-Elemente und in dem Familien-Bereich genau richtig.

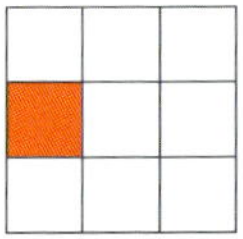

# 4. September

*Notizen / Geburtstage*

Finden Sie für Ihren Essplatz einen ruhige Position im Raum. Achten Sie darauf, dass niemand in der Flucht von Türen oder in einer Bewegungszone sitzt. Sonst hält man sich nicht gerne am Tisch auf oder isst zu rasch. Und das beeinträchtigt das Essvergnügen und die Gesundheit. Wenn Sie sich am Tisch vorbeiquetschen müssen, ist der Tisch zu groß oder die Stühle zu ausladend. Finden Sie also Möbel mit der richtigen Proportion. Sonst blockiert der Tisch den Chi-Fluss und den jeweiligen Bagua-Bereich.

Der quadratische Tisch hat in der Ecke des Raums einen ruhigen Platz gefunden. Das Quadrat ist eine ausgewogene geometrische Form und fördert, im Gegensatz zum runden Tisch, strukturierte Gespräche. Die Rollos und Blumenkästen schützen die großen Fensterflächen und verhindern, dass allzuviel Energie über die Fenster entweicht.

# 5. September

*Notizen / Geburtstage*

Sie wollen reich sein? Das sind Sie schon! Sie wollen mehr Geld? Gut. Dann finden Sie für Ihren Reichtums-Bereich Dinge, die mit Wasser zu tun haben. Denn Wasser steht für Ihren Geldfluss, und den wollen Sie ja aktivieren. Ein Zimmerbrunnen, ein Aquarium, auch Bilder von Wasser, wie diese Sammlung, sind ein guter Start. Und so ist es durchaus möglich, dass Sie auf einmal mehr Einnahmen und weniger Ausgaben haben oder dass sich plötzlich irgendwo eine Geldquelle auftut, an die Sie vorher nicht gedacht haben.
Die kreativen Holzrahmen würden allerdings besser in die Kinderzone passen.

*Auch mit einem kleinen Haken*
*kann man große Fische fangen.*

# 6. September

*Notizen / Geburtstage*

Ein hübsch bepflanzter Balkon ist eine Bereicherung für Ihre Wohnung. Zwar ist der Balkon in den meisten Fällen nicht Teil des Wohnungs-Baguas – dennoch ist er Teil Ihres Zuhauses. Häufig verkommt er zur Abstellfläche, vor allem in kleinen Stadtwohnungen, wo Platz im Keller fehlt oder den Bewohnern der Weg dahin zu weit ist. Am besten lesen Sie noch mal unsere Tipps zum Entrümpeln. Trennen Sie sich von den – ja bereits ausgelagerten – Dingen. Denn ein liebevoll gestalteter Balkon erweitert in jedem Fall Ihr Potenzial, verschönert die Fassade und damit das Chi des ganzen Hauses.

# 7. September

*Notizen / Geburtstage*

Für alle Sitzplätze gilt es, ein Maximum an Sicherheit zu schaffen. Auch im Garten kommt es auf die Rückendeckung an. Die schützende Wand, eine dichte Hecke, der Hügel hinterm Haus erfüllen eine wichtige Funktion. Sie verleihen uns eine Position der Stärke, auf der wir uns entspannt zurücklehnen.
Wenn der Rückhalt fehlt, kann eine bauliche Maßnahme dafür sorgen. Auf dieser Terrasse bieten eine Mauer und ein bewachsener Zaun Schutz für alle, die hier Platz nehmen.

# 8. September

*Notizen / Geburtstage*

Flure sind Durchgangsräume, Verbindungsadern zwischen den Räumen. Hier laufen wir eh nur durch, denken wir, und widmen unserem Flur häufig wenig Aufmerksamkeit. Eines ist klar: Im Flur herrscht ein ständiges Hin und Her, über ihn gelangen wir von einem Raum in den nächsten. Das macht Flure zu Räumen mit aktiver Nutzung, hier geht es weniger um Aufenthaltsqualität. Im Feng Shui haben Flure eine wichtige Aufgabe: sie versorgen die Räume mit frischer Energie – und sollten daher so gestaltet sein, dass die Energie hier auch gut durchkommt und alle Wohnbereiche ständig mit neuem Kraft-Potenzial versorgen kann.
In diesem Flur bewirken die Vor- und Rücksprünge, dass sich das Chi fließend durch den Raum bewegt. Die rote Wandfarbe ist eine Yang-Farbe und verleiht besonders einem innenliegenden Flur strahlende Wärme.

# 9. September

*Notizen / Geburtstage*

Krempel hält beschäftigt. So sehr, dass wir keine Zeit und keine Energie haben zum Nachdenken über uns selber, unsere Beziehungen, die Vergangenheit, die Zukunft. Mancher denkt auch, dass all sein Besitz etwas über seinen Wert als Mensch aussagt und tut sich deshalb schwer, sich von Dingen zu trennen. Sie können sie nur benutzen, die Dinge sind nicht Sie selber!

Ordnung im Außen, also in der Wohnung, bedeutet Ordnung im Inneren und damit Klarheit. Ein harmonischer Energiefluss in der Wohnung setzt Energie frei. Ausmisten macht Platz für neue Erfahrungen. Es bringt frischen Wind und im weiteren Sinne einen Neuanfang. Also, worauf warten Sie noch?

Dieses Badregal ist übersichtlich und liebevoll organisiert. Kleine Teile verschwinden in Körben, stauben nicht ein und sind leicht wiederzufinden. Die schlichte Gestaltung in Korb und Weiß wirkt ruhig und unterstützt den Prozess der Reinigung.

# 10. September

*Notizen / Geburtstage*

Wohin mit dem großen Schrank? Schwere Möbel stehen am besten im Bereich Wissen. Schränke, Truhen, schwere Gefäße symbolisieren das Wesen des Bergs, eine unerschütterliche, stabile Größe. Genau richtig für diesen Bereich, in dem es um Stabilität und innere Sicherheit geht.

# 11. September

*Notizen / Geburtstage*

Zum Element Erde: Die Erde ist bislang der einzige Planet, auf dem Lebensformen nachweisbar sind. Sie ist unsere Lebensgrundlage, ihre natürlichen Ressourcen sichern unser Überleben. Die Erde steht für das nährende, stabile, tragende Prinzip, ist weder Yin noch Yang, sondern eine ausgewogene Energie.
Beim Menschen erschließt sich das Wesen der Erdenergie größtenteils im Umgang mit anderen: in Mitgefühl und ehrlichem und verantwortungsvollem Verhalten. Die Erde ist Unterstützung und will im weitesten Sinne ein friedliches Miteinander – nicht Zerstörung. Ein guter Tag, sich daran zu erinnern.

*Verantwortlich ist man nicht nur*
*für das, was man tut, sondern auch*
*für das, was man nicht tut.*

# 12. September

*Notizen / Geburtstage*

Ein hell erleuchteter Gartenweg macht einen einladenden Eindruck auf Bewohner und Gäste und ist auch eine Frage der Sicherheit. Insbesondere der Weg zum Haus sollte ausreichend beleuchtet sein. Achten Sie auch auf Trittsicherheit, denn wackelige und rutschige Stufen sind gefährlich. Licht erhellt düstere und dicht bewachsene Bereiche, schafft buchstäblich Klarheit und wirkt aktivierend auf alle unterversorgten Bereiche des Bagua.

# 13. September

*Notizen / Geburtstage*

Der Kopfbereich des Betts sollte frei und unbelastet sein. Auch wenn der große Einbauschrank gut aufgeräumt ist, kann die Lebensenergie Chi dort nicht frei fließen. Und, was immer Sie darin aufbewahren, es lagert nah am Kopf, den Sie im Schlaf komplett entspannen sollen.
Vermeiden Sie auch Regale und Bilder in schweren Rahmen an der Wand oberhalb des Kopfendes. Allein schon die Idee, sie könnten herunterfallen, belastet den Schlaf und die vollständige Entspannung.

# 15. September

*Notizen / Geburtstage*

Wer zu viel vom Element Wasser hat, kommt leicht ins Schwimmen. Diese Menschen sind orientierungslos, ängstlich und haben die Tendenz, sich zu verzetteln. In der Wohnung äußert sich ein Zuviel an Wasser manchmal in einem regelrechten Chaos – oder in Wasserflecken und Schimmelbildung. Auch möglich: Sie grübeln und grübeln und kommen dabei nicht ins Tun (über die Verbindung zwischen Mensch und Elementen lesen Sie mehr im Vorwort).
Betrachten Sie das Zusammenspiel der Elemente im Kreislauf: Metall fördert das Wasser, Holz verbraucht und Erde kontrolliert das Wasser. Also: Metall zurücknehmen, Erde und Holz stärken mit Terrakottatöpfen, Blumenerde und Pflanzen. So kommt das Wasser wieder ins Gleichgewicht!

# 16. September

*Notizen / Geburtstage*

Kommen Sie richtig gerne nach Hause? Auch Ihr Hauseingang kann Kraft spenden, das Wohlgefühl schon an der Haustür beginnen. Ist der Bereich sauber und einladend, mit Blumen oder bepflanzten Töpfen freundlich gestaltet? Gibt es ein nettes Türschild? Funktionieren Klingel, Türgriff, Licht? Worauf fällt Ihr erster Blick – auf blühende Pflanzen oder auf die Mülltonnen? Schauen Sie hin.
Ein schöner Hauseingang ist ein wahre Freude, während alles, was nicht funktioniert, Energie schluckt. Schaffen Sie sich also einen hübschen Blickfang, der Sie willkommen heißt – wie die Rose auf dem Bild.

14
14
14

# 17. September

*Notizen / Geburtstage*

Wenn das Chi beschwingt durch die Wohnung tanzt, entfaltet es seine ganze lebenspendende Kraft. Nicht zu schnell soll es sein, denn sonst wird es aggressiv – und nicht zu langsam, denn das bedeutet Stau. Das gilt es im Kopf zu behalten, wenn Sie solch eine offene Situation gestalten wie auf dem Foto.

Miteinander verbundene Räume haben etwas besonders Großzügiges. Die Schwierigkeit ist klar: Jeder Raum wird zum Durchgangszimmer und die Durchgangsachse leicht zu einer Chi-Autobahn. Achten Sie darauf, durch Möblierung und Gestaltung ruhige und geschützte Bereiche zu schaffen, von denen aus Sie einen guten Überblick haben. Im Durchgangsbereich können auffällige Elemente wie Pflanzen, Kunstobjekte oder Bilder den Weg in Etappen gliedern und einen ruhigen Chi-Fluss unterstützen.

Bild

# 18. September

*Notizen / Geburtstage*

Rot ist eine kraftvolle Farbe. Temperamentvolle Menschen haben häufig eine Vorliebe für Rot. Es fördert das Bedürfnis nach Bewegung und Veränderung. Kein Wunder, wenn in einem dominant roten Raum das Stillsitzen schwer fällt. Verwenden Sie diese lebendige Farbe vor allem, um Akzente zu setzen. Oft reichen schon rote Kissen oder rote Dekorationsgegenstände. Missen wollen wir Rot auf keinen Fall. Denn Rot ist die Farbe der Freude und Vitalität.

# 19. September

*Notizen / Geburtstage*

Ein kleines Refugium in der Stadt: Auch ohne Garten lässt sich eine Terrasse in eine grüne Oase verwandeln. Die Bäumchen in großen Kübeln schützen vor Sonne und Einblicken, das Holzdeck erinnert an den Steg am Badesee, und die Korbmöbel sind bequem und behaglich. Man fühlt sich fast wie im Urlaub!

*Man kann dem Leben nicht mehr Tage geben,*
*aber den Tagen mehr Leben.*

# 20. September

*Notizen / Geburtstage*

Sie werden es spüren, wenn Sie Ihrem Bad besondere Aufmerksamkeit widmen. Denn das Bad bildet den Auftakt für den Tag und den Übergang zur Nacht. Gestalten Sie es beruhigend, das hilft abzuschalten und sich auf die Nachtruhe einzustellen. In diesem schlichten, hellen Bad erzeugen geometrische Formen eine Stimmung von Klarheit und Einfachheit.

Gerne können Sie auch einige Yang-Elemente dazunehmen, Dinge, die Energie mobilisieren, die Sie morgens aufwecken und erfrischen. Das können farbige Details sein, witzige Accessoires, ein anregendes oder inspirierendes Bild, das Sie in den Tag begleitet.

# 21. September

*Notizen / Geburtstage*

Rosa ist die sanfte Variante der Farbe Rot. Zart und feminin, weckt Rosa eine romantische Stimmung. Als Farbe der Liebe passt es sehr schön ins Schlafzimmer. Während Rot anregt und Körperfunktionen beschleunigt, ist Rosa beruhigend und aufbauend. Das Ensemble aus hohen Kerzen und Vasen vereint Holz, Feuer und Erdenergie. Wo würden diese Kräfte Sie unterstützen?

# 22. September

*Notizen / Geburtstage*

Schwarz ist die Farbe des Wassers. Sie steht für Dunkelheit, für Zurückgezogenheit, für das Abtauchen in Ruhe und Stille. Die klare und minimierte Gestaltung passt gut – viel Schwarz wirkt allerdings auch schnell düster und leblos.
Übrigens: Auch bei der Persönlichkeit spielt das Wasser eine Rolle. Ist die Wasserenergie bei einem Menschen ausgewogen vorhanden, dann haben Sie es mit einer kommunikativen und kontaktfreudigen Person zu tun und gleichzeitig mit einem Menschen voller Wissen und Weisheit, der das Bedürfnis hat die Welt zu verstehen.

*Wer die Wahrheit sagt,*
*der braucht nicht zu argumentieren.*
*Wer argumentieren muss,*
*der sagt nicht die Wahrheit.* Laotse

TRIBAL RUGS

# 23. September

*Notizen / Geburtstage*

Ihre Gesundheit und Ihr Wohlergehen sind Hauptanliegen des Feng Shui. Alle Maßnahmen, alle Tipps, alle Regeln wollen im Grunde nur das eine: dass Sie sich wohlfühlen und fit sind.

Wir stellen alle Weichen für Gesundheit auf der räumlichen Ebene, für Ihre persönliche Kondition müssen Sie allerdings selber sorgen!

Ein eigener Fitnessraum ist Luxus. Gut belichtet, mit ruhigen Farben, bietet er jede Menge Raum für Bewegung und unterstützt so Ihre Entspannung und Vitalisierung.

# 24. September

*Notizen / Geburtstage*

Räume bekommen durch einen gelben Anstrich eine heitere und freundliche Stimmung. Eine gelbe Wand scheint aus sich selbst zu leuchten und verbreitet in dunklen Räumen einen warmen Schein.

Gelb eignet sich gut für Arbeitszimmer, Wohn- und Esszimmer, Küche und Kinderzimmer (Hellgelb). Im Feng Shui ist Gelb die Farbe der Erde. Im Bagua unterstützt sie die Bereiche Partnerschaft, Tai Chi und Wissen mit Stabilität und Offenheit.

Dies Schlafzimmer ist ausgewogen und angenehm gestaltet. Wenn Sie unter Schlafstörungen leiden, dann verzichten Sie auf einen kräftigen gelben Anstrich. Für Ihre Nachtruhe ist ein sehr helles Gelb besser.

# 25. September

*Notizen / Geburtstage*

Was können Sie tun, um die Energie leicht in die nächste Etage zu leiten? Viel Licht installieren – der Treppenraum sollte ausgiebig beleuchtet sein. Lichtquellen, die nach oben strahlen, betonen die Aufwärtsbewegung. Auch rhythmisch eingesetztes Licht, wie auf dem Foto, erleichtert den Weg. Jeweils eine Lichtquelle am Zwischenpodest und eine auf der Schwelle zur neuen Ebene bilden Akzente und wirken wie ein Sog nach oben. Eine natürliche Belichtung im Treppenhaus bringt frische Energie. Achten Sie darauf, dass die Energie vor allem beim Abwärtslaufen nicht aus dem Fenster rauscht. Bremsen Sie den Fluss mit Pflanzen oder von der Decke hängenden Objekten.

# 26. September

*Notizen / Geburtstage*

Das Tai Chi liegt im Zentrum des Bagua und in der Mitte Ihres Grundstücks. Es ist der Ort der Gesundheit und vergleichbar mit der Körpermitte. Sind Sie vital, innerlich ausgeglichen und selbstsicher, oder häufig krank, nervös und müde? Schauen Sie mal hin. Ist die Gartenmitte blockiert oder liebevoll gestaltet?
Das Zentrum der Energie sollte frei bleiben. Auf einer ruhigen, freien Fläche, wie auf dem Foto, kann das Chi ungehindert zirkulieren. Eine besondere Gestaltung, wie ein rundes Blumenbeet, ein Wechsel im Bodenbelag oder ein Rondell heben das Tai Chi besonders hervor und zentrieren das gesamte Grundstück.
Das Tai Chi gehört zur Erde. Alle Erdfarben, Gelb und stabile Formen, Terrakottatöpfe und Steine sind geeignet, um die Mitte zu stärken. Als Zentrum aller Bagua-Bereiche sollte es möglichst ausgewogen gestaltet sein und alle Elemente vereinen.

# 27. September

*Notizen / Geburtstage*

Mit der Mitte verbunden zu sein bedeutet, gelassen mit den Herausforderungen des Lebens umzugehen. Wenn Sie sich mehr innere Kraft wünschen oder eine stabilere Gesundheit, dann stärken Sie den Bereich des Tai Chi in Ihrem Zuhause.
Zunächst ist es wichtig, die Mitte Ihres Zuhauses so freizuräumen, dass dort – wenn möglich – eine freie Bewegungsfläche entsteht. Das gilt, besonders bei Gesundheitsproblemen, für jeden Raum: die Mitte sollte frei sein.
Stärken Sie das Tai Chi mit Erdelementen. Wer mag, kann die Mitte auch mit einem Regenbogenkristall betonen.

*Der Weise sucht,*
*was in ihm selber ist,*
*der Tor, was außerhalb.*

# 28. September

*Notizen / Geburtstage*

Tiere transportieren viel lebendiges Chi und erfüllen Ihren Garten mit Freude. Ideal, um Leben in einen schattigen Bereich im Garten zu bringen oder den Kinder-Bereich zu aktivieren.
Der Hahn ist hier der Herr im Haus. Er steht für Wachsamkeit und Führung und unterstützt ebenfalls die männliche Energie im Bereich Hilfreiche Menschen.

# 29. September

*Notizen / Geburtstage*

Ein Yin-Überschuss beruhigt – im Schlafzimmer durchaus passend. Hier wollen Sie sich regenerieren, und weiche Materialien (Sessel, Vorhang, Bett) und die Farben Beige und Dunkelbraun sorgen für Ruhe. Wenn Sie allerdings morgens schwer in die Gänge kommen, könnten Sie auch aktive Yang-Elemente integrieren (und die Tipps zum Schlafzimmer lesen).

Denn zu viel Yin-Energie lähmt. Sie kennen das von dunklen Räumen mit schweren Möbeln und gedämpften Farben. Auch feuchte Flecken und schlechte Luft sind Ausdruck von zu viel Yin-Energie. Menschen werden lethargisch und zurückgezogen.

Yang-Energie bringt Leben: Lüften, schwere Gardinen entfernen, viel Licht, die Farben Rot, Orange und Gelb, leichte Möbel, frische Blumen – all das erfüllt Räume wieder mit lebendiger Energie.

HIP HOTELS ESCAPE

# 30. September

*Notizen / Geburtstage*

Ausstrahlung, Klarheit und Lebensfreude spiegeln sich wider im Bereich Ruhm des Bagua. Diese Qualitäten können Sie fördern mit Bildern von großer Strahlkraft und Inspiration. Hier ist der perfekte Platz für Skulpturen und besondere Kunstwerke, so wie auf dem Foto. Achten Sie darauf, in diesem Bereich keine Massenware aufzuhängen wie Bilder aus dem Möbelhaus mit dem Elch – die sind auch nett, aber nicht hier. In den Bereich Ruhm gehören unverwechselbare Werke.

# 1. Oktober

*Notizen / Geburtstage*

Obst aus dem eigenen Garten schmeckt immer noch am leckersten – und am besten direkt vom Baum. Es ist frischer und aromatischer als alles, was man kaufen kann, und absolut naturbelassen. Dazu kommt: Je weniger Umwege der Apfel macht, desto größer sein Nährstoffgehalt. Obst und Gemüse selber zu pflanzen, zu pflegen und zu ernten, erhöht zudem die Wertschätzung für das Essen und den Genuss.
Wem der Obstanbau zu aufwändig ist: Ein Kräuterbeet ist schnell angelegt. Rosmarin, Salbei und Basilikum zum Beispiel regen die Sinne mit ihren Düften an und bereichern jedes Essen. Auch Schnittlauch, Zitronenmelisse, Minze und viele andere Kräuter sind unkompliziert zu halten. Die Aufmerksamkeit, die Sie Ihrem Gemüse- und Obstgarten widmen, lohnt sich!
Die Spirale an diesem hölzernen Gartenstuhl ist übrigens ein altes Symbol für Konzentration und wirkt zentrierend.

# 2. Oktober

*Notizen / Geburtstage*

Als öffentlichster Raum der Wohnung sagt das Wohnzimmer viel über unsere Persönlichkeit aus. Achten Sie also mal darauf, wie Sie sich präsentieren.
Ein schöner Wohnraum ist einladend und behaglich und mit persönlichen Dingen bereichert. Vor allem in Ihrem Wohnzimmer ist Platz für Ihre Lieblingsstücke, auch Dinge von materiellem Wert. Dabei ist es von Bedeutung, worauf Ihr Blick fällt, wenn Sie den Raum betreten.
Mögen Sie Ihr Sofa, Ihre Bücher, Objekte und Bilder? Passt Ihre Einrichtung zu Ihnen und dem Leben, das Sie jetzt leben, oder sind Sie vielleicht aus manchem herausgewachsen? Wenn Sie sich jetzt angesprochen fühlen: Falls Ihr Etat gerade kein neues Sofa hergibt, fangen Sie mit den kleinen Dingen an.

# 3. Oktober

*Notizen / Geburtstage*

Ein alltägliches Phänomen: Im Café sind die Plätze mit dem besten Überblick immer als Erstes besetzt. Das entspricht unserem natürlichen Bedürfnis nach Sicherheit. Genauso fühlen wir uns gut, wenn wir vom Bett aus die Tür im Blick haben oder vom Schreibtisch aus oder beim Kochen. Doch manchmal lässt der Grundriss das nicht zu. Dann ermöglicht ein Spiegel den Blick nach hinten – ein kleiner „Rückspiegel", wie auf der Kommode, der Übersicht über den Raum und vor allem die Tür gewährleistet.

# 4. Oktober

*Notizen / Geburtstage*

Antike Möbel haben eine besondere Ausstrahlung. Ihnen verleiht nicht nur ihre häufig massive Konstruktion Gewicht, auch die Geschichte, die sie in sich tragen. Sie hätten viel zu erzählen.
Antiquitäten verkörpern Dauerhaftigkeit und Stabilität und passen gut zum Bagua-Bereich Wissen (Berg), wertvolle Stücke auch zu Reichtum und Ruhm. Manchmal haftet antiken Möbeln eine gewisse Schwere an. Entscheiden Sie selber, ob das geerbte Stück Ihnen guttut. Allzuviel Schwere ist dann ungünstig, wenn Sie sich mehr Flexibilität und Weiterentwicklung wünschen. Das florale Muster ist allerdings wunderschön und verleiht diesem besonderen Möbel einen edlen und verspielten Charme.

# 5. Oktober

*Notizen / Geburtstage*

Blau macht keine Partystimmung, es unterstützt eher friedliche und tiefsinnige Gespräche. Denn Blau ist die Farbe des Wassers und des Himmels. Sie gehört zum Bagua-Bereich Karriere. Tiefe, Stille und Einsicht werden damit verbunden. Blau beruhigt und stärkt zugleich Körper und Seele.
Seine entspannende Wirkung eignet sich vor allem für Schlafräume und als Ausgleich für besonders helle und aktive Räume.
Eine hellblau gestrichene Wand erzeugt Tiefe und lässt kleine Räume wie diese Küche größer erscheinen. Dunkelblau dagegen würde den Raum optisch verkleinern.

*Ob du eilst oder langsam gehst,*
*der Weg bleibt immer der gleiche.*

# 6. Oktober

*Notizen / Geburtstage*

Ein glitzernder, raschelnder Perlenvorhang ist eine durchlässige Trennung für zwei Bereiche im Haus. Nicht nur optisch. Auch der Klang definiert den Übergang von einem Bereich zum anderen. Praktisch außerdem: das Rascheln kündigt an, wenn jemand den Raum betritt. Ein Signal, das Sicherheit vermittelt und sich gut eignet für die Terrassentür oder die Küchentür – insbesondere, wenn Sie beim Kochen mit dem Rücken zur Tür stehen. Ein Klangspiel übernimmt übrigens die gleiche Funktion! Klänge sind auch geeignet, um schnelles Chi zu bremsen, zum Beispiel um eine Tür-Fenster-Achse zu unterbrechen, oder auch um den Bereich Kinder zu aktivieren – vielleicht, weil Sie sich Kinder oder einen leichteren Umgang mit ihnen wünschen oder bestimmte Projekte unterstützen wollen.

# 7. Oktober

*Notizen / Geburtstage*

Flure sind Energiewege, gleich den Meridianen im Körper. Ihre Aufgabe ist es, die Räume der Wohnung mit Lebenskraft zu erfüllen. In diesem Flur gelingt das besonders gut, denn er ist lebendig und abwechslungsreich gestaltet – und trotzdem nicht vollgestellt. Platz genug also für das Chi, das in unseren Räumen und auch im Garten schwingen soll.
Hier erzeugen eine gute Belichtung, persönliche Dekorationen, frische Zweige und eine sanfte Wegeführung eine lebendige Atmosphäre. Die Gestaltung ist ausgewogen, denn sie basiert auf dem Prinzip der fünf Elemente.

# 8. Oktober

*Notizen / Geburtstage*

Passend im Bereich Hilfreiche Menschen: Ein großer Esstisch, an dem viel Platz ist für alle Ihre Freunde.
Das Metall und die Farben Grau und Silber fördern Konzentration, Ruhe und Klarheit. So gesehen also eher ein guter Platz zum Arbeiten. Wer hier fröhliche Feste vermisst, könnte mehr Feuerelemente wie Kerzen und Rottöne integrieren.

*Wer andere erkennt, ist gelehrt.*
*Wer sich selbst erkennt, ist weise.* Laotse

# 9. Oktober

*Notizen / Geburtstage*

Jede Wohnung ist so einzigartig wie seine Bewohner. Sie ist Spiegel der Persönlichkeit und Abbild aller Lebensthemen. Im Bagua werden diese Themen bestimmten Bereichen in der Wohnung zugeordnet. Werfen Sie einen Blick in Ihr Zuhause. In welchem Bereich sammelt sich Kram, herrscht Chaos und Unordnung? Sie werden meist einen Zusammenhang entdecken. Einige Beispiele: Unordnung im Bereich Partnerschaft wirkt sich ungünstig auf die Paarbeziehung aus. Chaos in Karriere bremst den natürlichen Fluss im Leben. Streit mit Familie und Vorgesetzten hat häufig seine Entsprechung in einem unordentlichen Familien-Bereich.
Schaffen Sie Ordnung in der Wohnung, ordnen Sie auch Ihre Gedanken. Heben Sie das Energieniveau eines Bereichs an, das wirkt sich auf Ihr Wohlergehen und auf alle Aspekte Ihres Lebens aus. Ein klar organisiertes Bad lässt Sie erfrischt den Tag beginnen, verändert jeden Bereich im Bagua und wirkt sich positiv auf das jeweilige Lebensthema aus. Der Spiegel sollte allerdings mittig über dem Waschbecken hängen!

*Nicht der Wind, sondern*
*das Segel bestimmt die Richtung.*

# 10. Oktober

*Notizen / Geburtstage*

Das Arbeitszimmer wird zum Gästezimmer und das Gästezimmer zum Arbeitsraum, je nach Bedarf. Eine solche Doppelnutzung bietet sich an, vor allem, wenn Sie Ihr Arbeitszimmer nicht permanent nutzen – und umgekehrt. Wer bekommt denn nun den Kraftplatz im Raum: das Bett oder der Schreibtisch? Wenn Sie in diesem Raum viel arbeiten, stellen Sie den Schreibtisch so, dass Sie Raum und Tür überblicken. Haben Sie dagegen Dauerbesuch, dann sollte das Bett auf der sichersten und ruhigsten Position stehen – mit einer Wand im Rücken und der Tür im Blick.

# 11. Oktober

*Notizen / Geburtstage*

Spiegel sind magisch. Sie ziehen die Aufmerksamkeit an und sind deshalb ein beliebtes Mittel, um Bereiche des Bagua anzuregen.
Ganz wichtig: Achten Sie immer darauf, was durch den Spiegel reflektiert wird – eine chaotische Garderobe, die WC-Tür oder ein schöner Ausblick? Im Foto reflektiert der Spiegel eine Orchidee und könnte zum Beispiel dem Bereich Reichtum zugute kommen.
Eine weitere Möglichkeit: Spiegel können auch Energie in abgelegene Bereiche der Wohnung lenken. Wichtig ist, den Spiegel so zu platzieren, dass die Aufmerksamkeit umgelenkt wird – der Spiegel sollte also Einblick in den Bereich geben.

# 12. Oktober

*Notizen / Geburtstage*

Wundern Sie sich, dass Menschen selten spontan bei Ihnen vorbeischauen? Nehmen Sie mal den Eingang zu Ihrem Haus oder Ihrer Wohnung unter die Lupe: Er sollte leicht zu finden sein und der Weg dorthin gut beleuchtet. Ein versteckter Eingang hält Besucher fern – und damit vielleicht auch Chancen und Möglichkeiten, die den Weg nicht zu Ihnen finden.

Der schwere Topf mit Buchsbaum markiert hier den Eingang und lenkt die Energie zur Haustüre hin. Achten Sie auf den Bodenbelag. Ist er sicher zu begehen? Das gilt auch für Treppen. Wenn rutschige und gebrochene Fliesen Ihr Sicherheitsgefühl beeinträchtigen, wird das Nachhausekommen jedes Mal wieder von einem Gefühl der Unruhe bestimmt.

# 13. Oktober

*Notizen / Geburtstage*

Gerade Treppen können Sie fast im Schlaf laufen. Sie sind leicht zu begehen, da alle Stufen gleich sind. Gewendelte Treppen fordern da mehr Aufmerksamkeit. Ein Nachteil der geraden Treppe ist allerdings, dass das Chi ein rasantes Tempo entwickelt. Im Normalfall ist das kein Problem – es sei denn, die Treppe läuft geradewegs auf die Eingangstür oder ein Fenster zu. So verlässt das Chi, das durch Ihre Räume zirkulieren soll, Ihr Zuhause auf dem schnellsten Weg. In diesem Fall ist alles geeignet, was den Fluss der Lebensenergie verlangsamt. Das können Leuchten oder Objekte sein, die die Achse unterbrechen oder Möbel, die den Bewegungsfluss umlenken, ohne Ihnen im Weg zu stehen. Auch das große Fenster am Ende des Flurs läßt Chi entweichen. Eine Leuchte in der Mittelachse des Flurs würde dies verhindern.

# 14. Oktober

*Notizen / Geburtstage*

Gegenstände aus der Natur können sehr machtvolle Symbole sein. Eine Muschel erinnert an eine Urlaubsreise, Strand und Erholung, eine glückliche Zeit, eine Vielzahl von Eindrücken, die Sie in einem fremden Land gewonnen haben. Bei ihrem Anblick werden Erinnerungen präsent, und es stellt sich ein entspanntes und vitales Gefühl ein. Vielleicht ist die Muschel für Sie auch Symbol für ein Haus, eine Wohnung, einen geplanten Umzug oder eine besondere Reise. Das ist das Schöne an Symbolen – Sie selber geben ihnen eine Bedeutung! Finden Sie für Symbole einen Platz in Ihrem Zuhause, an dem Sie ihre Ausstrahlung unterstützen können!

# 15. Oktober

*Notizen / Geburtstage*

Wer noch nicht mit dem Ausmisten begonnen hat – worauf warten Sie noch? Machen Sie eine Liste all Ihrer „Rumpelecken" und fangen Sie an. Betrachten Sie jedes Teil mit der Frage, ob Sie es wirklich brauchen, lieben und ob es Ihnen gute Energie gibt. Sie verschlechtern nicht die Beziehung zu Ihrer Freundin, wenn Sie sich von einem Geschenk, das Sie nie wirklich mochten, trennen. Entsorgen Sie alles, was überflüssig, defekt und uninspirierend ist. Und lagern Sie diese Dinge nicht im Keller oder auf dem Speicher. Ein zugestellter Keller belastet das Unterbewusstsein, Gerümpel auf dem Speicher ist erdrückender Ballast.
So kann ein Regal aussehen, in dem nur Bücher stehen, die Sie wirklich schätzen. Und zu wissen, dass auch im Inneren der Schränke ausschließlich Dinge sind, die Sie wirklich brauchen und lieben, ist äußerst beruhigend!

*Alle Menschen sind klug;*
*die einen vorher, die anderen nachher.*

# 16. Oktober

*Notizen / Geburtstage*

Musik unterstützt den Bereich Familie. Vielleicht spielen Sie ja ein Instrument, oder Ihre Kinder. Alles, was Klang erzeugt, ist hier im Bagua-Bereich Familie gut aufgehoben. Das darf auch der Fernseher sein oder die Stereoanlage. Denn Klang bewegt Energie, erfrischt und belebt. Naturphänomen für diesen Bereich ist passenderweise der Donner!
All das gilt natürlich nur bei entsprechender Raumnutzung, also nicht, wenn Sie im Bereich Familie Ihr Schlafzimmer haben. Hier wollen Sie vermutlich auf laute Geräusche verzichten. Das Cello hat in diesem Schlafzimmer einen besonderen Platz, gespielt wird es wohl eher im Wohnzimmer.

SCHNABEL

# 17. Oktober

*Notizen / Geburtstage*

Den Dachraum zu öffnen, schafft sehr großzügige und hohe Räume. Die sichtbare Dachkonstruktion mit Schrägen und Balken, bei engen und niedrigen Dachzimmern oft ungünstig, hat hier wenig Einfluss auf den Raum, weil sie in so enormer Höhe liegt. Hier geht es in erster Linie darum, den Raum zu erden. Sonst fühlt man sich unwohl, viel Platz nach oben macht Räume ungemütlich. Betonen Sie also den Wohnbereich mit Möbeln, Bildern und Leuchten.
Der schwere Schrank, die Fensteroberkante und der Dachansatz bilden eine horizontale Linie und grenzen den Wohnbereich gegen den Luftraum des Dachs ab. Das schafft Ruhe und Stabilität für den Wohnraum.

# 18. Oktober

*Notizen / Geburtstage*

Je länger der Korridor, umso schneller rast das Chi. Das kennen Sie von endlosen, tristen Fluren in Verwaltungsgebäuden – Aufenthaltsqualität gleich null. Ein Extremfall.

Ein ähnliches Phänomen, wenn auch viel harmloser, entsteht in langen Wohnungsfluren. Neben Pflanzen, Möbeln und Bildern können hier auch Bodenbeläge das Chi verlangsamen. Insbesondere wenn sie der Flurrichtung entgegenwirken. Achten Sie also auf die Verlegerichtung von Parkett und Fliesen, das Muster von Teppichen und sonstigen Bodenbelägen. Eine Längsausrichtung beschleunigt, eine Querausrichtung, wie auf dem Foto, verlangsamt das Chi. Auch abschnittsweise ausgelegte Teppiche können einen langen Flur in Bereiche gliedern und damit optisch verkürzen.

# 19. Oktober

*Notizen / Geburtstage*

Wir empfinden eine Gestaltung als schön, wenn die fünf Elemente ausgewogen vorhanden sind. Bei dieser hübsch gedeckten Tafel sind sie alle auf kleinstem Raum vertreten: Erde (Terrakottatöpfe), Wasser (Gläser), Holz (Blumen und Holzbretter), Metall (Besteck) und Feuer (Kerzen und orangefarbene Servietten). Das Ergebnis ist eine ausgewogene, harmonische Tischdekoration.
Allerdings sollten Sie nicht an der Ecke sitzen. Die Tischecke in Magenhöhe ist unangenehm, stört Ihr Wohlbefinden und mindert das Essvergnügen.

# 20. Oktober

*Notizen / Geburtstage*

Ein großer Spiegel erweitert den Raum. Eine gute Möglichkeit zum Beispiel für kleine, innenliegende Bäder. Da kann der Spiegel ruhig Wandbreite haben, so wirkt der Raum gleich viel großzügiger und heller. Entsprechend in engen Fluren: Ein Spiegel öffnet den Raum für eintretendes Chi und ankommende Gäste. Wichtig im Eingangsbereich: Wenn der Spiegel die Haustür spiegelt, wird das Chi geradewegs zurückgeschickt.
Weil Spiegel die Eigenschaft haben, einen Raum optisch zu erweitern, werden sie im Feng Shui auch eingesetzt, um fehlende Teile des Bagua auszugleichen. So können Sie Fehlbereiche in den Grundriss integrieren.

# 21. Oktober

*Notizen / Geburtstage*

Ein Garten im Haus, das hat seinen Reiz. Wer möchte nicht an einem schönen Wintertag hier die Sonne genießen und Energie tanken!
Bei sehr niedrigen Temperaturen und wenig Sonne allerdings kühlt der Raum schnell aus. Und im Sommer kann der Wintergarten schon mal zum Tropenhaus werden.
Jede Menge Licht und Wärme also – hier wachsen Pflanzen besonders gut. Und sie sind wichtig, weil sie dem Raum Halt geben. Denn große Fensterflächen bieten wenig Schutz, und es entsteht schnell das Gefühl, auf dem Präsentierteller zu sitzen. Dem natürlichen Überschuss an Yang-Energie (Licht) können Sie entgegenwirken: mit üppigen Pflanzen, Vorhängen und schweren Stoffen (Yin) in Kissen und Polstern bringen Sie den Raum wieder ins Gleichgewicht. Mit dem Ergebnis, dass Sie sich dort wohlfühlen!

# 22. Oktober

*Notizen / Geburtstage*

Ein Gleichgewicht der Elemente ist wichtig für ein lebensförderliches Umfeld – das wissen Sie bereits. Wir sagen Ihnen, wie Sie das System der fünf Elemente in Ihren vier Wänden anwenden können.

Kennen Sie das Gefühl, dass in einem Raum etwas nicht stimmt? Aber was? Sie wollen zum Beispiel einen neuen Tisch kaufen und können sich schwer entscheiden – rund oder eckig, Holz oder Metall, hell oder dunkel?

Nutzen Sie das System der fünf Elemente, um den Raum zu analysieren. Das hilft Ihnen auch bei der Frage nach dem richtigen Tisch. Betrachten Sie Ihre Einrichtung: Was steht für welches Element, was fehlt, wovon ist zu viel da?

Beispielhaft ist dieses Esszimmer, in dem alle Elemente vorhanden sind: Der Tisch und die Blumen stehen für Holz, das Rot des Bildes und die Kerzen für Feuer, Wandfarbe und Kerzenständer für Metall, der orangefarbene Wandschrank und die Stuhlform für Erde, das Blau der Blumen und der dunkle Tischläufer für Wasser.

# 23. Oktober

*Notizen / Geburtstage*

Machen Sie am liebsten alles allein – oder lassen Sie sich gern unterstützen? Im Bereich Hilfreiche Menschen geht es um Ihre Verbindung zur geistigen Welt und auch um ganz praktische Hilfe. Unterstützendes Element ist hier das Metall, im Foto die Lampe, die weißen Blumen und der silberne Bilderrahmen. Mit Metall-Accessoires regen Sie die Energie an und schaffen eine Öffnung für Unterstützung in Ihrem Leben.

Ein Fehlbereich in dieser Zone kann bedeuten, dass Sie sich allein gelassen fühlen und darauf warten, dass ein glücklicher Zufall dem Glück auf die Sprünge hilft. Symbole für Unterstützung (mehr dazu am 15. und 16. Dezember) an der zum Fehlbereich angrenzenden Wand erinnern Sie daran, dass Sie nicht alles allein machen müssen. Auch Unordnung hält hilfreiche Fügungen fern. Wie soll die Energie zu Ihnen fließen, wenn sie unterwegs stecken bleibt? Schaffen Sie also Platz im Schrank, räumen Sie auf – und Sie werden neue, hilfreiche Erfahrungen erleben.

*Der dich tadelt, ist nicht immer dein Feind,*
*und der dich rühmt, nicht immer dein Freund.*

Sotheby's
Sotheby's
NAOMI KLEIN
NO LOGO
LE GUIDE BLU
Isole dei Caraibi
Malignant Sadness
Lewis Wolpert
IN THE CUT
Storia di una deportazione
Change for the Better
COCO
CHANEL
ROBERT
HARRIS
ENIGMA
SABBATH'S THEATER

# 24. Oktober

*Notizen / Geburtstage*

Pflanzenmotive symbolisieren Wachstumsenergie und betonen die vertikale Richtung. Mit der Treppe sind sie wirkungsvoll kombiniert. Denn das Streben nach oben entspricht der Bewegungsrichtung. Natürlich gehen Sie Treppen auch abwärts. Doch dieser Gang geht wie von selber und braucht keine Unterstützung, sondern in den meisten Fällen eine Bremse. Gestalten Sie den Treppenbereich mit Motiven von aufwärtsstrebender Tendenz, damit Sie gerne Ihre Treppe benutzen und alle Ebenen bewohnen. Die strukturierte Anordnung der Bilder bringt übrigens Ruhe in die Bewegung auf der Treppe.

# 25. Oktober

*Notizen / Geburtstage*

Abstrakte Bilder regen unsere Fantasie an. Sie fördern kreative Tätigkeiten, passen ins Kinderzimmer (hier sind geometrische Bilder nicht so günstig) und in den Bereich Kinder des Bagua. Sind in einem Raum Klarheit und Eindeutigkeit gefordert, also beispielsweise im Besprechungszimmer einer Firma, sind sie weniger passend. Auch beim konzentrierten Arbeiten können abstrakte Bilder dazu führen, dass Sie gedanklich abschweifen. Hängen Sie solche Bilder also nicht über Ihren Schreibtisch, sondern lieber in Ihr Wohnzimmer. Hier unterstützt das Bild eine lockere und entspannte Gesprächsatmosphäre.

# 26. Oktober

*Notizen / Geburtstage*

Vogelgezwitscher, Bienensummen – Naturgeräusche sind wohltuend für die Sinne und gut für Gesundheit und Entspannung. Der Bambus raschelt im Wind und erfüllt die Luft mit besonderer Lebendigkeit. Im Garten können Sie übrigens Ihrer Kreativität freien Lauf lassen, denn je vielfältiger die Klänge, umso größer das Hörvergnügen.

Große Pflanzkübel und eine leichte Pergola begrenzen die offene Terrasse. Der Bambus ist ein leichter Sichtschutz und ein schöner Ausgleich zu den massiven Gefäßen.

# 27. Oktober

*Notizen / Geburtstage*

Ein schöner Platz für Ihr liebstes Hobby ist in der kreativen Kinderzone. In einem kleinen Gewächshaus können Sie nach Herzenslust pflanzen, umtopfen und ernten. Auch Gartenutensilien sind hier vor Regen und Schnee geschützt.
Gestalten Sie diesen Ort im Zeichen des Elements Metall. Das hilft Ihnen, sich auf sich zu konzentrieren, alle Gedanken loszulassen und Raum für neue Ideen aufzumachen. Metallobjekte, die Farben Weiß, Silber und Gold sind förderlich, sowie alles, was der Erde zugeordnet wird wie Erdtöne, Ton, Stein und Terrakotta. Und der Holzstuhl? Integriert Wachstum, damit Ihre neuen Ideen auch Form annehmen!

# 28. Oktober

*Notizen / Geburtstage*

Das Schlafzimmer ist Ihr Refugium. Persönlicher geht es nicht. Klar, dass hier auch ein paar Ihrer Schätze Platz haben sollen. Denken Sie daran, dass alles eine Wirkung auf Ihr Befinden hat. Betrachten Sie Ihre persönlichen Gegenstände genau. Nur was Ihnen gut tut, darf bleiben. Beschränken Sie sich auf wenige Dinge – zu viele „Geschichten“ können Sie auch beschäftigen. Reduzieren Sie die Dekoration, das lässt Ihnen Raum für einen erholsamen Schlaf. Dinge, die Sie mit Entspannung und Sinnlichkeit assoziieren, sind wie geschaffen für das Schlafzimmer. Denn mit diesen Eindrücken schlafen Sie ein und beginnen den Tag.

# 29. Oktober

*Notizen / Geburtstage*

Das Schöne an Sesseln ist, dass sie sich einfach herumschieben lassen und frei im Raum platziert werden können. Im Gegensatz zum Sofa: Hat es einmal seinen Platz im Wohnzimmer gefunden, dann wird es ihn nicht so schnell verlassen.
Sessel sind flexibel, man sitzt jedoch allein. Manch einer mag das und findet gerade darin Entspannung. Ein ausladendes Sofa, auf dem mehrere Menschen Platz finden, fördert Nähe und Offenheit.
Sessel oder Sofa? Man könnte sagen: Alles zu seiner Zeit. Wenn Sie allerdings ausschließlich in Ihrem Lieblingssessel sitzen, dann kann es sein, dass Sie in Ihrer Familie oder Beziehung zum Einzelgänger werden.

# 30. Oktober

*Notizen / Geburtstage*

Sinnlich, feurig, dynamisch und voller Leben: Dieser kleine Strauß hat es in sich. Das Konzert der Rottöne verbreitet vitale Kraft in jedem Bereich der Wohnung und bringt richtig Bewegung in die Bereiche Ruhm und Partnerschaft. Sie brauchen einen Energieschub? Bitte sehr!

# 31. Oktober

*Notizen / Geburtstage*

Vielleicht finden Sie, dass Ihre berufliche Laufbahn einen kleinen Schubs gebrauchen könnte, oder Sie wollen sich neu orientieren. Dann beleben Sie den Bereich Karriere in Ihrer Wohnung.

Wasser in Gefäßen, als Zimmerbrunnen und Aquarium oder als Bild, Foto oder Kunstwerk, wie das große Wasserbild auf dem Foto, bringen die Karriere in Fluss. Auch Spiegel regen an. Und besonders inspirierend sind persönliche Symbole, wie Bilder und Dinge, die Ihre Ziele und Visionen darstellen.

*Wer sich an die Weisheit des Herzens hält und sie als Autorität anerkennt, was braucht der noch andere Autoritäten.* Chuang-Tzu

# 1. November

*Notizen / Geburtstage*

Sie müssen kein begnadeter Künstler sein um zu malen. Es reicht vollkommen aus, wenn Sie Spaß daran haben. Alle kreativen Prozesse und Produkte sind in dem Bagua-Bereich Kinder und Kreativität genau richtig. Dabei spielt es keine Rolle, ob das Werk aus Ihrer Hand, aus der eines anderen Künstlers oder aus einer Kinderhand stammt. Hauptsache, es macht Ihnen gute Laune. Heitere Bilder beflügeln wiederum Ihre Schaffenskraft und erfüllen Ihr Verhältnis zu Kindern mit Leichtigkeit und Freude ... und der Stress, den Sie manchmal mit Ihren Kindern verbinden, tritt sofort in den Hintergrund.

# 2. November

*Notizen / Geburtstage*

Bilder von Wegen und Wasserläufen können Ihnen symbolisch den Weg weisen. Vor allem, wenn Sie eine neue Ausrichtung suchen. Sie möchten sich beruflich umorientieren oder den Wohnort wechseln? Alles, was mit Wegesymbolik zu tun hat, kann Ihnen im Bereich Karriere Klarheit über Ihren persönlichen Lebensweg schenken. So wie diese zwei Landkarten im Eingangsflur. Allerdings nur, wenn Sie das anspricht. Wenn nicht, wählen Sie andere Bilder, die Sie beim Finden Ihres Lebenswegs unterstützen.

*Der Umweg ist oft*
*der kürzeste Weg.*

# 3. November

*Notizen / Geburtstage*

Glasregale wirken leicht und unauffällig und gleichzeitig fragil. Sie sollten nicht schwer „beladen“ sein und vor allem nicht über Köpfen hängen. Allein schon der Gedanke, Ihnen könnten die Gläser auf den Kopf fallen, lässt Sie nicht entspannt kochen.
Schön ist der klare und flächige Einsatz von unterschiedlichen Materialien wie Holz, Stein, Metall und Glas, der dieser Küche eine ausgewogene und ruhige Stimmung gibt. Die Barhocker sind ein unkomplizierter Platz für den morgendlichen Kaffee, jedoch, weil mit dem Rücken zum Raum platziert, weniger zum längeren Aufenthalt geeignet.

Japan

# 4. November

*Notizen / Geburtstage*

Eine elegante Kombination: Violette Tulpen, Gläser und Windlichter wirken edel und luxuriös vor dem schwarzen Hintergrund von Tisch und Geschirr.
Um eine festliche Stimmung zu erreichen, kann der Einsatz von Violett und Schwarz eine effektvolle Abwechslung von den gängigen Farben bei Tischdekorationen sein. Besonders in der Herbst- und Winterzeit, wenn wir diese dunklen Farben auch in der Natur finden, wie in dem dunklen Blau von Trauben. Wir raten hier aber eher zu dem Grundsatz: weniger ist mehr. Von schwarzen Tellern zu essen ist nicht unbedingt jedermanns Sache.

# 5. November

*Notizen / Geburtstage*

Wasser ist entspannend. Im Feng Shui ein wichtiges Element, das auf keinen Fall in Ihrem Zuhause fehlen sollte. Allerdings muss es kein Pool sein! Ein Zimmerbrunnen oder Bilder von Wasser reichen auch.

Das Element Wasser unterstützt zum einen Kommunikation und Durchsetzungsvermögen, zum anderen Ruhe und Entspannung. Menschen mit wenig Wasserenergie tun sich schwer damit, neue Kontakte zu schließen, sind häufig einsam und zurückgezogen. Sie können schwierig sein in der Kommunikation, festgelegt und unbedacht. Häufig können sie schlecht schlafen und schwer abschalten. Wenn Sie die Kraft des Wassers in der Wohnung stärken, dann integrieren Sie diese Energie vermehrt in Ihr Leben. Für mehr Ruhe und Entspannung: stehendes Wasser in einer Schale, Bilder von ruhigem Wasser, ein Aquarium. Für mehr Kommunikation und Kontaktfreude: fließendes Wasser, als Brunnen oder im Bild. Da Metall im zyklischen System das Wasser ernährt, sind auch metallene Einrichtungsgegenstände, die Farben Weiß und Silber günstig.

# 6. November

*Notizen / Geburtstage*

Wie können Sie Reichtum in Ihr Leben einladen? Wie soll das funktionieren? Ein guter Anfang ist auf jeden Fall, Ihre Reichtumsecke zu einem Ort mit Ausstrahlung zu machen, der für Sie ein Bild der Fülle ist. Das goldene Bild, eine blühende Orchidee und Dinge von persönlichem Wert geben diesem Platz hier eine einzigartige Stimmung.
Eine liebevoll gestaltete, schön anzusehende Reichtumsecke hat folgende Wirkung: Sie erinnert uns jeden Tag an die Fülle, in der wir leben, sie erfüllt uns mit Dankbarkeit und Freude. Wir fangen an, Reichtum wahrzunehmen und – ein möglicher Standpunkt – laden damit mehr davon in unser Leben ein.

# 7. November

*Notizen / Geburtstage*

Ein wandgroßer Spiegel verbreitert ein schmales Wohnzimmer optisch. Und weil Spiegel das Chi anregen, macht dieses große Exemplar den Raum ungeheuer lebendig. Gleichzeitig erzeugt das auch eine gewisse Unruhe, weshalb Sie auf den Einsatz von Spiegeln im Schlafzimmer besser verzichten.
Und achten Sie immer darauf, was genau im Spiegelbild erscheint, denn das wird in jeder Hinsicht verdoppelt – sei es das Licht, die schöne Aussicht, das wertvolle Bild, die Anzahl der Herdplatten, aber genauso die Abstellkammer und das vollgestopfte Regal.

# 8. November

*Notizen / Geburtstage*

Äußere Fülle – wie diese Obstschale – und innere Erfüllung: Im Bagua-Bereich Reichtum stellen Sie die Weichen für finanziellen Erfolg und Lebensfreude.
Wer unzufrieden ist mit seinem Leben und ständig knapp bei Kasse, der sollte einen Blick in diesen Bereich der Wohnung riskieren. Schauen Sie hin: Befindet sich hier die Abstellkammer, ist es hier chaotisch und unaufgeräumt, oder fehlt der Bereich ganz?
Die einfachste und erste Maßnahme ist Aufräumen. Erst dann sollten Sie Ihre Reichtumsecke auffrischen. Zum Beispiel mit frischem Grün oder Bildern von Pflanzen und Blumen. Wenn Sie dort einen Fehlbereich feststellen, gibt es folgende Möglichkeit: Hängen Sie einfach einen Spiegel an eine oder beide Wände, die an den Fehlbereich angrenzen. So wird diese Ecke optisch in Ihr Zuhause integriert.

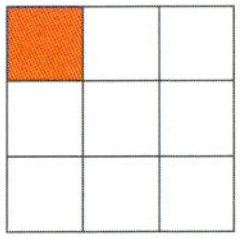

# 9. November

*Notizen / Geburtstage*

Hochbetten finden Kinder toll: Man kann darauf herumklettern und darunter Höhlen bauen. Der Schlafplatz erhält oben einen ganz eigenen und zurückgezogenen Raum, ein Refugium abseits vom Spiel- und Tobebereich im Kinderzimmer. Für manche Kinder funktioniert das gut, aber nicht für alle. Eher verschlossene oder verträumte Kinder, die sich gerne zurückziehen, sind auf einem Hochbett zu weit von der Erde entfernt. Es unterstützt sie mehr, „am Boden" zu schlafen – so sind sie stärker in Kontakt mit ihrer Umwelt.

Die Wandgestaltung erzeugt eine starke horizontale Gliederung, die auf Kinder begrenzend wirken und sie in ihrem Wachstum und ihrer Entwicklung hemmen kann. Eine monochrome Wandfarbe wäre günstiger.

*Die Arbeit läuft nicht davon,*
*wenn du dem Kind den Regenbogen zeigst.*
*Aber der Regenbogen wartet nicht,*
*bis du mit deiner Arbeit fertig bist!*

JOSEPH

# 10. November

*Notizen / Geburtstage*

Manche Menschen haben eine besondere Ausstrahlung. Was sie sagen, ist klar und begeisternd. Sie erreichen ihre Ziele und leben ihre Visionen. Mit diesem inneren Feuer stecken sie uns an. Daher ist Feuer das Element im Bagua-Bereich Ruhm. Sein helles Strahlen und seine Wärme sind ein Bild für die persönliche Ausstrahlung.
Im Garten-Bagua liegt dieser Bereich vom Gartentor aus betrachtet hinten in der Mitte. Alles Feurige, der Grillplatz, Fackeln und Kerzen, helles Licht und die Farbe Rot heizen die lebendige und kraftvolle Energie des Feuers an. Auch alle Holz-Elemente sind günstig, denn Feuer braucht Holz zum Brennen.
Unter dem Zeltdach, mit Decken versorgt können Sie hier einen milden Herbstabend genießen.

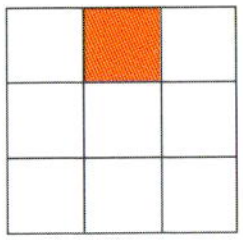

# 11. November

*Notizen / Geburtstage*

Die Vielfalt macht's: Je abwechslungsreicher der Garten gestaltet ist, umso inspirierender und energievoller ist er. Genauso gilt: Sind alle fünf Elemente im Garten vorhanden, empfinden wir eine natürliche Harmonie. Und noch mehr: Ist der schöpferische Kreislauf im Fluss, dann fördern sich die fünf Elemente gegenseitig – die optimale Voraussetzung für gesundes Pflanzenwachstum und für Ihre persönliche Entwicklung.

Schauen Sie mal nach: Sind die Elemente ausgewogen oder ist eines dominant?

Das Element von Pflanzen und Blumen ist abhängig von seinen energetischen Eigenschaften oder seiner Blütenfarbe und Wuchsform. Dazu kommt die nichtpflanzliche Gestaltung: Quellstein, Teich und Brunnen gehören zum Wasser. Kies, Steine, Terrakotta, Natursteinplatten verkörpern die Erde. Licht, Feuerstelle und Grillplatz stehen für das Feuer, alle Metallobjekte und Kugelformen (siehe Buchsbaum) für das Element Metall und hohe Bäume und das Material Holz für das Element Holz.

# 12. November

*Notizen / Geburtstage*

Die Beleuchtung am Esstisch ist wichtig, weil entscheidend für die Atmosphäre: Sie sollte angenehmes, warmes Licht verbreiten, auf keinen Fall blenden und, wenn möglich, sogar zu dimmen sein. Denn das gemütliche Dinner für zwei braucht weniger Helligkeit als die große Familientafel.
Eine besondere Esstischlampe fasst hier den Essbereich in der Vertikalen ein. Eine gute Lösung für hohe Räume.

# 13. November

*Notizen / Geburtstage*

Geschwungene Formen in der Einrichtung betonen Kreativität. In der Küche ein Zeichen von Experimentierfreude. Wichtig zum Kochen: Installieren Sie eine ausreichend große Arbeitsfläche und halten Sie sie aufgeräumt und sauber. So haben Sie Platz zum Arbeiten, eine gute Übersicht und kreativen Raum, um Neues zu schaffen. Denn auf der Arbeitsfläche siedeln sich gerne diverse Geräte, Schalen und Flaschen an – manchmal sogar Post, Zeitung und Schlüssel. Dabei sollte dort definitiv nur das stehen, was Sie regelmäßig zum Kochen benutzen. Alles andere gehört weggeräumt!

# 14. November

*Notizen / Geburtstage*

Zugegeben, das ist kein Bad für Ihre moderne Stadtwohnung. Ganz im Gegensatz zu der aktuellen Hochglanz-Badgestaltung präsentiert sich dieser Ort orientalisch-archaisch.
Im Zusammenspiel mit den filigran gearbeiteten floralen Mustern (Holz) erscheinen die massiven Becken (Erde) so gar nicht schwer. Auch die Laternen (Feuer und Metall) sind eine schöne Ergänzung und sorgen hier für Ausgewogenheit. Einfach und kunstvoll zugleich.

# 15. November

*Notizen / Geburtstage*

Fühlen Sie sich reich und vom Leben beschenkt? Betrachten Sie diesen Brunnen, ein Bild der Schönheit und Fülle, um sich auf das Thema Reichtum einzustimmen.
Hier geht es um die Fülle im Leben. Um äußere Fülle, in Form von materiellem Reichtum, aber auch um Fülle im weiteren Sinne – gute Freunde, Kinder, bereichernde Erfahrungen, das Erleben der eigenen, besonderen Fähigkeiten und innere Erfüllung.
Oft fällt es uns schwer, die Fülle, in der wir leben, wahrzunehmen. Das, was wir nicht haben, ist oft viel interessanter als das, was wir haben. Sie wissen schon: Das Gras auf der anderen Seite des Zauns ... Die Sache ist leider die: Reichtum aller Art kommt nur dahin, wo er auch geschätzt wird.
Im Bagua befindet sich dieser Bereich im hinteren linken Drittel.
Er wird beschrieben durch das Bild des Baums und des Winds – der Wind als unsichtbare Kraft, die erst sichtbar wird, indem sie etwas bewegt.

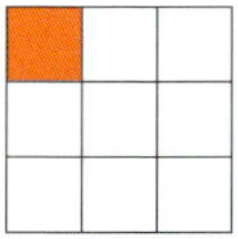

*Gedenke der Quelle, wenn du trinkst.*

# 16. November

*Notizen / Geburtstage*

Wenn Projekte sich dem Ende zuneigen, wenn Ihre Arbeit Früchte trägt, dann kommt die Zeit der Ernte. Wir sind bei der Energie des Elements Metall angekommen. Metall beschreibt den Herbst, den Abend, die Ernte. Denken Sie an die tiefe Zufriedenheit, mit der Sie sich zurücklehnen und Ihr Werk betrachten und an die Freude, mit der gefeiert wird.
Golden und herbstlich präsentiert sich die ganze Fülle der Ernte. Hier erleben Sie ein fröhliches und heiteres Essen!

# 17. November

*Notizen / Geburtstage*

Eine entspannte Teezeit wartet auf Sie. Denn dieser Sitzbereich ist optimal für ruhige Gespräche. Das hat mit der Wasserenergie zu tun. Wellenstrukturen und dunkle Farben fördern in diesem Fall das Wasser und seine Qualitäten: Kommunikation, Entspannung und Wissen.

Grundsätzlich steckt Wasserenergie in allem, was dunkelblau und schwarz ist, in fließenden und unregelmäßigen Formen, im Material Glas und natürlich Wasser in natura und auf Bildern.

Die Kraft des Wassers unterstützt in jedem Fall die Bereiche des Bagua, die mit den Elementen Wasser und Holz verbunden sind – also Karriere, Familie und Reichtum.

# 18. November

*Notizen / Geburtstage*

Spiegel sind ein beliebtes Mittel, um positive Energie zu verstärken und ungünstige Situationen zu verbessern. Zum Beispiel? Betrachten Sie mal das Foto: Spiegel haben eine vielfältige Wirkung. Die ist abhängig von Größe, Platzierung, Art des Spiegels und der Absicht, mit der sie aufgehängt werden.

Grundsätzlich reflektiert der Spiegel, was ist. Man kann ihn nutzen, um Räume visuell zu erweitern und schöne Dinge zu verdoppeln. Man kann Licht integrieren, sich selber betrachten oder nach hinten schauen. Außerdem können Sie Spiegel verwenden, um Aufmerksamkeit und Chi zu lenken, Fehlbereiche zu aktivieren und ungünstige Einflüsse zurückzustrahlen. Viele Möglichkeiten. Auch hier stellt sich wie immer die Frage: Was wollen Sie erreichen?

# 19. November

*Notizen / Geburtstage*

Holz steht für ein kreatives, wachstumsorientiertes Leben, für eine zielgerichtete und stabile Persönlichkeit.
Wer sich schlapp und träge fühlt, dem fehlt häufig erholsamer Schlaf – und Holz. Holz-Elemente wie Grünpflanzen, Holzmöbel oder schlanke Einrichtungsgegenstände geben Ihnen neuen Schwung im Leben, mehr Vitalität und Spaß an Weiterentwicklung. Sie können auch gerne mit Wasserenergie das Holz unterstützen. Ein schönes Beispiel für Holzenergie: die vertikalen Strukturen in der Tapete, die Pflanzenmotive und der Blumenstrauß.

# 20. November

*Notizen / Geburtstage*

Ein paar grundsätzliche Tipps: Spiegel sollten sauber, ungeteilt (keine Spiegelfliesen) und intakt sein, ohne Sprünge, blinde Flecken und Verzerrungen. Spiegelfliesen und Sprünge reflektieren ein zerteiltes Selbstbild, eine Realität mit vielen Brüchen, und damit wenig Sicherheit, Kontinuität und Klarheit.
Noch etwas: Spiegel bringen Bewegung in den Raum. Gut im Flur, im Wohnzimmer und allen aktiv genutzten Räumen, weniger passend dagegen fürs Schlafzimmer.
Falsch platziert, erzeugen Spiegel Unruhe, behindern den Energiefluss oder können sogar, je nachdem, was sie spiegeln, negative Situationen verstärken. Daher wichtig: Welche Aufgabe hat ein Spiegel an dieser Stelle?
Vermeiden Sie zerteilte Spiegelflächen, wie auf dem Foto. Positiv ist allerdings, dass der Spiegel die Energie ablenkt vom angrenzenden Bad.

INTERIOR affairs

# 21. November

*Notizen / Geburtstage*

Das Bad: ohne Frage ein Ort der Entspannung. Und besonders in der kalten Jahreszeit wärmend für Körper und Seele. Im Bad entspannen Sie nach einem langen Arbeitstag und tanken neue Kraft.
Schaffen Sie sich vor allem im Bereich der Badewanne eine kleine Wohlfühloase. Das wertet nicht nur das im Feng Shui „schwierige" Bad auf, sondern steigert den Erholungswert.
Sich etwas Gutes tun – klingt nicht neu und ist dennoch eine schöne Anerkennung für Sie und alles, was Sie am Tag vollbracht haben.

*Die Verantwortung für sich selbst ist die Wurzel jeder Verantwortung.* Menzius

# 22. November

*Notizen / Geburtstage*

Je klarer und stärker die Energie im Bereich Ruhm des Bagua, umso strahlender und klarer das Auftreten, umso mehr Anerkennung in jeder Form.
Im Grundriss befindet sich der Bereich für Ruhm im hinteren, mittleren Feld, gegenüber des Bereichs Karriere.
Wenn der Bereich fehlt, dann fehlt im Leben die Feuerenergie und damit Kraft, Lebensfreude und Klarheit. Viel Unordnung an dieser Stelle erstickt das Feuer und die persönliche Strahlkraft. Eine räumliche Erweiterung fördert Ihren guten Ruf, aber auch den Zugang zu persönlicher Erkenntnis. Und ein Balkon? Der gehört in den meisten Fällen nicht zum Bagua. Schön gestaltet ist er dennoch eine Bereicherung, zum Beispiel für den Bereich Ruhm. Der leuchtend rote Anstrich ist eine kraftvolle Ergänzung!

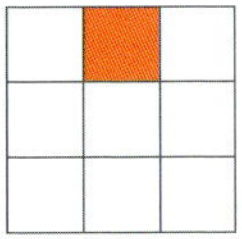

# 23. November

*Notizen / Geburtstage*

Symbole sind machtvoll. Und alles, was Sie an Fülle und Glück erinnert, ist ein guter Antrieb für Reichtum. Dabei funktionieren Dinge von materiellem Wert ebenso wie solche von persönlichem. Nicht nur die Schale mit Geldstücken und kostbare Dinge, sondern auch Bilder, die für Sie Reichtum symbolisieren und Gegenstände, die Sie an besonders glückliche Momente erinnern, bereichern diesen Teil des Bagua.

Welche materiellen Dinge wünschen Sie sich und was möchten Sie erleben? Wenn Sie Ihre Wünsche mit Bildern und Fotos visualisieren, entsteht eine klare Ausrichtung, und Sie wissen, wofür Sie überhaupt Geld verdienen wollen.

*Wer Bambus malen will, trägt schon ein Bild von ihm im Kopf.*

# 24. November

*Notizen / Geburtstage*

Hier steht die Kunst im Vordergrund und harmoniert mit der zurückhaltenden, klaren Möblierung. So eine großzügige Architektur ist natürlich der perfekte Hintergrund für großformatige Kunstwerke. Aber auch in kleineren Räumen können Sie mit Großformaten wahre Hingucker schaffen. Wichtig ist dann nur eine wirklich schlichte Einrichtung mit wenigen Möbeln.
Bilder nehmen viel Raum ein, in jeder Hinsicht. Sie beschäftigen uns gedanklich, wenn wir gerade ein neues Motiv zum Aufhängen suchen, und sie sind immer von einer Idee und Geschichte umgeben. Umso wichtiger sind ein ruhiges Umfeld und die Assoziationen, die Sie mit ihnen verbinden: Sie sollten nur positiv sein.

# 25. November

*Notizen / Geburtstage*

Leere Gefäße, Vasen, Kisten oder Schachteln stehen für die Leere, die es mit Wissen zu füllen gilt. Im Bereich Wissen platziert, vertiefen sie den Zugang zu Intuition und Weisheit und das Sammeln von Wissen.
Auch weite Tonschalen mit viel Platz für viele Erkenntnisse sind in diesem Bereich gut aufgehoben.

*Das Entscheidende am Wissen ist, dass man es beherzigt und anwendet.* Konfuzius

# 26. November

*Notizen / Geburtstage*

Glastische sind beliebt: Sie strahlen Leichtigkeit aus und verschmelzen mit ihrer Umgebung. Im Feng Shui sind Glastische jedoch ungünstig. Dem am Tisch Sitzenden bieten sie wenig Halt, dazu ist die Berührung der Arme mit dem kalten Glas unangenehm. Das Essen hat keine Grundlage, der Blick fällt auf die Füße der Gäste. Wie irritierend! Das, die instabile Wirkung und die Kälte des Materials wirken sich ungünstig auf Essen und Stimmung aus.
Erste Hilfe: Legen Sie ein Tischtuch auf, das schafft optisch wieder eine stabile Fläche. Außerdem nimmt die weiche Optik einer textilen Decke dem Glas die Härte.

# 27. November

*Notizen / Geburtstage*

Licht, Kerzen, Feuer und helle Beleuchtung entfachen die Feuerenergie und erhellen den Ruhm-Bereich in Ihrem Zuhause. Sie sorgen für Klarheit und Freude und sind passend, um diesen Bereich anzuregen. Und besonders gekonnt wirkt die Deko, wenn von einem schönen Objekt, wie diesem Windlicht, gleich mehrere nebeneinander stehen.

# 28. November

*Notizen / Geburtstage*

Wer einen Hang zum Chaos hat: Das Element Erde unterstützt Ordnung und Realitätssinn. Die Energie der Erde ist stabil, tragend und ruhend – wichtige Qualitäten, die uns im Leben Sicherheit geben.
Erdfarben prägen diesen Wohn-Essbereich. Die Kombination mit dem Element Holz sorgt dafür, dass keine Schwere aufkommt. Der Aspekt der Veränderung ist präsent in den Materialien Holz, Stoff und Sisal. Das Feuer-Element (Kamin und Kerzen) ist übrigens ein guter Vermittler zwischen den gegensätzlichen Elementen Holz und Erde!

# 29. November

*Notizen / Geburtstage*

Ein typisches Wasser-Arrangement: Die geschwungene Form der Stühle, die Farbe Schwarz, das Material Glas gehören zu diesem Element. Dieser Esstisch präsentiert sich ruhig, elegant und kommunikationsfördernd, auch durch seine runde Form. Im Bereich Karriere würde er wunderbar Ihren persönlichen Lebensweg unterstützen.
Übrigens, Wasser wird auch mit der Welt der Gefühle verbunden. Wer viel in Gefühlen spricht, wie „ich habe das Gefühl, dass …“, oder sich immer wieder mit seinen Ängsten konfrontiert sieht, ist meist vom Element Wasser geprägt.

*Obwohl sie nicht hundert Jahre*
*alt werden, bereiten sich die Menschen*
*Sorge für tausend Jahre.*

# 30. November

*Notizen / Geburtstage*

Schaffen Sie sich einen Schreibplatz, an dem Sie so richtig gerne sitzen. Wählen Sie Bilder und Accessoires, die Ihnen gut tun und die Sie inspirieren. Wenn Sie viel zu Hause arbeiten, hängen Sie gegenüber dem Schreibtisch ein Bild auf, das Ihre Produktivität und Kreativität steigert. Das können Bilder sein, die Ihre Ziele und Visionen symbolisieren und alle Motive, die Ihnen einen positiven Impuls für Ihre Arbeit geben. Auch frische Blumen bringen frische Energie und verhelfen vielleicht zu manch einer neuen Idee.

Ist Ihr Arbeitsplatz Teil des Wohnzimmers, trennen Sie beide Bereiche mit Hilfe von Pflanzen und Raumteilern – sonst fallen entweder Entspannung oder konzentriertes Arbeiten schwer.

# 1. Dezember

*Notizen / Geburtstage*

Der erste Tag des Weihnachtsmonats. Wenn Sie Ihre Wohnung nicht längst weihnachtlich dekoriert haben, ist heute ein guter Tag, damit zu beginnen. Hier ist es Tannengrün auf der Fensterbank, das die Vorfreude auf die festliche Zeit weckt. Wussten Sie, dass Gänsepaare sich ein Leben lang treu bleiben? Daher können sie als Symbol für Treue und Liebesglück stehen. Vor allem paarweise unterstützen sie den Bereich Partnerschaft.

# 2. Dezember

*Notizen / Geburtstage*

Ein geschmückter Türkranz ist eine freundliche Begrüßung für jeden Besucher. Er lässt sich passend zur Jahreszeit umdekorieren. Eine weitere kreative Idee: Ein Draht-Kleiderbügel, wie man ihn in der Reinigung häufig erhält, lässt sich wunderbar zu einem Herz biegen und mit Efeu umwickeln. Der runde Kranz galt übrigens in vielen alten Kulturen auch als Schutzsymbol. In Augenhöhe an der Eingangstür aufgehängt, wehrt er alle negativen Einflüsse ab. Eine ähnliche Funktion können auch zwei Objekte erfüllen, die wie zwei Wächter die Türe zu beiden Seiten flankieren. Häufig sieht man Buchsbaum-Kugeln oder Rosenbäumchen, es können aber auch Skulpturen oder Leuchten sein.

2

# 3. Dezember

*Notizen / Geburtstage*

Im Wohnzimmer treffen sich alle Familienmitglieder. So fördert der Wohnraum den Zusammenhalt und die Kommunikation in der Familie. Gleichzeitig ist das Wohnzimmer der Ort, an dem wir Gäste empfangen. Dadurch wird der Wohnraum gleichermaßen privat und öffentlich – hier präsentieren wir uns auch nach außen. Daher sollte das Wohnzimmer so gemütlich und so aufgeräumt sein, dass alle, Familienmitglieder und Gäste, sich darin wohlfühlen. Optimal liegt das Wohnzimmer gegenüber dem Hauseingang. So fühlen Sie und Ihre Gäste sich gleich willkommen und zu Hause.

# 4. Dezember

*Notizen / Geburtstage*

Räume ohne Tageslicht, wie viele innenliegende Flure, wirken oft düster, muffig, ungemütlich – eben alles andere als lebendig. Hier muss eine geschickte Beleuchtung die Funktion des Tageslichts übernehmen. Dazu kommt, dass Flure Durchgangsräume sind, keine Aufenthaltsqualität haben und auch nicht haben müssen. Dennoch sind sie wichtig, denn sie versorgen die Räume mit frischer Energie. Sie sollten so gestaltet sein, dass dort ein natürliches und fließendes Kraft-Potenzial vorhanden ist.

Die Hängeleuchte gliedert den schmalen, langen Flur und erzeugt ein warmes Licht. Bilder an den Wänden würden den Raum zusätzlich beleben. Um einen Eindruck von mehr Weite zu erzeugen, können Sie Motive mit Tiefe einsetzen oder auch Spiegel, die den Raum optisch öffnen.

# 5. Dezember

*Notizen / Geburtstage*

Kümmern Sie sich viel um andere? Manchmal auf Kosten Ihrer eigenen Wünsche und Bedürfnisse? Typisch für Menschen mit viel Erdenergie.
Schauen Sie sich in Ihrer Wohnung um: Ein Übermaß an Erde zeigt sich meist auch in der Einrichtung. Viele weiche Formen, liegende Möbel und die Farben Braun und Gelb sind zwar wohnlich, erzeugen jedoch häufig eine schwere und konservative Atmosphäre. Stabilität kann auch starr und unbeweglich sein. So, wie ein extremes Bedürfnis nach Sicherheit dazu führt, neue Erfahrungen und Unbekanntes zu meiden. Ausgleichend wirkt das Holz-Element. Alles, was wächst, fördert den Geist der Veränderung. Auch Metall ist ein guter Ableiter der Erdenergie. Die klare und präzise Energie verbraucht Erde. Wenn Sie also bei sich ein Zuviel an Erde feststellen, lesen Sie mal nach, was wir zu Holz und Metall geschrieben haben.

# 6. Dezember

*Notizen / Geburtstage*

Basteln, Musizieren, Malen, Kochen und Backen – hier können Sie Ihre kreativen Fähigkeiten einsetzen. Dabei spielt es keine Rolle, was Sie sich aussuchen, Hauptsache, Sie haben Spaß daran. Räumlich für solche Aktionen besonders geeignet ist der Bagua-Bereich Kinder.

Sich im Alltag solch kleine kreative Inseln zu schaffen, ist wichtig. Wir entspannen uns, legen eine Pause vom Alltagstrott ein, und es gibt uns immer wieder eine tiefe Befriedigung, Dinge zu schaffen – sei es ein Bild, das wir aufhängen und anschauen können, eine ausgefallene Dekoration oder Werke von kürzerer Lebensdauer wie selbstgebackene Plätzchen. Wer freut sich nicht über solche kleinen leckeren Kunstwerke am Nikolaustag?!

*Ein großer Mensch ist, wer sein Kinderherz nicht verliert.* Mencius

# 7. Dezember

*Notizen / Geburtstage*

Sosehr wir die Sonne lieben, im Schlafzimmer darf sie auch gerne draußen bleiben. Es ist nicht nur eine Frage der Privatsphäre, große Fenster mit Vorhängen zu schützen. Mit der Sonne kommt auch viel Aktivität in den Raum: für Frühaufsteher okay, für Langschläfer eher störend. Allerdings fällt das Aufstehen leichter, wenn Sie von hellen Strahlen geweckt werden.
Im Schlafzimmer reichen meist Deckenleuchte und Nachttisch-Lampen zum Lesen. In anderen Räumen ist eine differenzierte Beleuchtung günstig – wie im Wohnzimmer, das teils aktiv genutzt wird und teils der Entspannung dient. Gut ist immer eine helle Grundbeleuchtung und dazu verschiedene Lichtquellen, mit denen wir unterschiedliche Stimmungen erzeugen können. Außerdem kann man mit Licht den Raum gliedern und verschiedene Zonen schaffen.

# 8. Dezember

*Notizen / Geburtstage*

Hier geht es speziell darum, wie Sie das Thema Partnerschaft in Ihrem Leben unterstützen können. Vielleicht wollen Sie Ihre Paarbeziehung beleben, mehr Nähe und Gemeinsamkeit, oder Sie wünschen sich eine Partnerschaft, dann aktivieren Sie diesen Bagua-Bereich im Haus und im Schlafzimmer.
Arrangieren Sie dazu Bilder der Harmonie und der Zweisamkeit, wie zwei Menschen oder zwei Blumen, Symbole für Partnerschaft, wie zwei Ringe oder zwei Herzen. Ordnen Sie Accessoires immer paarweise an, wie diese Kerzen – das signalisiert Übereinstimmung. Erotische Bilder, wohlgemerkt mit zwei Personen, schaffen eine sinnliche Stimmung.

*Glück ist das Einzige,*
*was sich verdoppelt,*
*wenn man es teilt.*

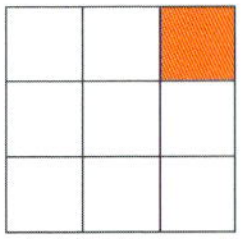

# 9. Dezember

*Notizen / Geburtstage*

Das Feld Hilfreiche Menschen ist der Bereich mit der größten männlichen Energie und wird verkörpert durch den Vater einer Familie. Er steht für Autorität, Kraft und Macht. Ist dieser Bereich unausgewogen (weil er fehlt, zugerümpelt oder vernachlässigt ist), dann besteht häufig eine Frage über Männlichkeit und Autorität – die eigene und die anderer Männer. In der Regel betrifft dieser Aspekt eher Männer. Das kann sich äußern durch Stress mit Vorgesetzten, aber genauso durch Ärger mit Angestellten und mit den eigenen Kindern. Um das zu verändern: aufräumen und Energie in diesem Bereich aktivieren (Maßnahmen dazu am 15. und 16. Dezember).

# 10. Dezember

*Notizen / Geburtstage*

Ein Fenster am Ende eines langen Flurs oder gegenüber der Haus- oder Zimmertüre lässt schnelles Chi entweichen. Ungünstig für die Energie im Raum – doch all das wissen Sie bereits. Hier eine schöne Lösung, um Chi zu bremsen: Die Aufmerksamkeit bleibt an diesem dekorativen Kranz hängen. Außerdem bewahrt er als Schutzsymbol am Fenster die Wohnung vor negativen Einflüssen.

# 11. Dezember

*Notizen / Geburtstage*

Es schneit! An diesem kleinen Schreibplatz können Sie sich in aller Ruhe Ihrer Weihnachtspost widmen und den Blick in den verschneiten Garten genießen. Natürlich entspricht er nicht ganz unseren Regeln für den Arbeitsplatz – mit dem Rücken zum Raum und zur Treppe. Dennoch gut gelöst. Denn der kompakte, gemütliche Sessel und der Tisch sind eine schöne Chi-Bremse vor dem Fenster.

Übrigens passt ein Schreibplatz auch gut in den Bagua-Bereich Wissen, kombiniert mit Symbolen für Weisheit, Wissen und Stille. Das können Bilder von Menschen oder Orten sein, die Sie an Weisheit und Stille erinnern, auch weise Zitate, Bilder, die Stille symbolisieren, wie Winterlandschaften, ein Berg, ein Meditationsgarten.

# 12. Dezember

*Notizen / Geburtstage*

In einem großen Schlafzimmer bietet es sich an, den Raum auch mit weiteren Funktionen zu füllen. Das ist auch sinnvoll, weil damit die frei zirkulierende Energie eingegrenzt wird. In diesem Fall: ein Schlaf- und ein Lesebereich.
Damit das Schlafzimmer jedoch ein Ort der Entspannung bleibt, sollten Sie immer passive Aktivitäten integrieren, wie zum Beispiel Lesen. Bei einem Schreibtisch im Schlafzimmer ist die Gefahr groß, dass sich die Funktionen Arbeiten und Schlafen vermischen. Beim Arbeiten werden Sie müde, weil Sie Ihr Bett vor Augen haben, und im Bett können Sie schlecht abschalten, weil Sie ständig an Arbeit denken. Wenn dies aus Platzgründen nicht anders möglich ist, dann grenzen Sie die zwei Bereiche deutlich voneinander ab, zum Beispiel durch ein Regal oder einen Paravent.

# 13. Dezember

*Notizen / Geburtstage*

Beim Thema Symbole geht es um zwei Dinge: Wir können Symbole gezielt einsetzen, um unsere Lebensthemen / Bagua-Bereiche zu unterstützen. Außerdem geht es darum, die Wohnung und jedes Teil darin zu betrachten mit der Frage: Ist es förderlich für meine Ziele und Projekte oder nicht?
Herzen sind für viele Menschen ein Bild für die Liebe – Liebe in der Paarbeziehung (im Feld Partnerschaft) oder zu anderen Menschen oder zum Leben überhaupt.
Entscheiden Sie selber: Symbole sollen Sie unterstützen – was verbinden Sie mit Ihren persönlichen Dingen und wo in der Wohnung sind sie förderlich?

# 14. Dezember

*Notizen / Geburtstage*

Am Boden zu essen ist schon recht ungewöhnlich. Und mal etwas anderes, vielleicht auch eine interessante Abwechslung. Eines ist auf jeden Fall positiv an der ungewohnten Höhe: die Nähe zum Boden erdet. Und das tut den meisten Menschen gut. Allerdings müssen Sie dafür nicht die Beine an Ihrem Esstisch absägen. Wie Sie die Erde in Ihrem Zuhause stärken, haben wir an vielen Tagen erklärt. Auch der feurige rote Teppich unterstützt die Erde und umgibt diesen Essplatz mit Wärme und Behaglichkeit.

# 15. Dezember

*Notizen / Geburtstage*

Wer Kristalle mag: Der Bagua-Bereich Hilfreiche Menschen ist der Platz, an dem Ihr liebster Bergkristall oder der Rosenquarz gut aufgehoben sind. Auch Kristallobjekte, wie dieser Leuchter, Bleikristallschalen und Gläser können Sie gut verwenden, wenn Sie mehr Unterstützung in Ihr Leben einladen wollen.
Noch etwas: Im Bagua gibt es immer einer Verbindung zwischen den gegenüberliegenden Feldern. So hängt der Bereich Hilfreiche Menschen mit dem Bereich Reichtum zusammen. Ein aktiver Energiefluss in Hilfreiche Menschen wirkt sich auch auf Ihren Reichtum aus ...

# 16. Dezember

*Notizen / Geburtstage*

Alles, was sich in der Luft bewegt, regt Energie an. Wichtig ist, dass Sie für ein bewegtes Objekt leichte Materialien verwenden. Eine gute Möglichkeit ist, in den Motiven zu variieren.
Engel sind ein Symbol für Schutz und passen gut in den Eingangsbereich. Im Bereich Hilfreiche Menschen machen sie die Tür auf für Unterstützung und manch glückliche Fügung.
Mobiles und bewegte Objekte passen auch in den Bagua-Bereich Reichtum. Sie entsprechen der sanften Bewegung des Winds (Bild für Reichtum) und aktivieren Glück und Fülle auf allen Ebenen.

# 17. Dezember

*Notizen / Geburtstage*

Manchmal will der Grundriss einfach nicht mitspielen. Zum Beispiel, wenn wir unsere finanzielle Situation verbessern wollen und feststellen, dass sich im Reichtums-Bereich nun mal das Badezimmer befindet. Und jetzt? Es ist so: Wasser steht im Feng Shui für Geld. So, wie Wasser zu- und abfließt, kann es sein, dass Sie zwar gut verdienen, aber Geld nicht halten können.

Sie müssen deshalb nicht gleich ausziehen. Grüne Pflanzen oder, bei dunklen Räumen, Bilder davon wirken stabilisierend. Auch ein Spiegel an der Tür ist günstig. Dazu mehr beim Thema Badezimmer am 7. März.

Oft reicht übrigens schon ein ganz normales Chaos, um den Geldfluss zu bremsen – und ein gründliches Aufräumen, um diesen wieder in Schwung zu bringen.

# 18. Dezember

*Notizen / Geburtstage*

Ein Hauch von Dallas: In diesem Wohnzimmer ist die Möblierung klar und symmetrisch arrangiert. Der Raum wirkt einladend und repräsentativ und passt perfekt für formelle Anlässe. Manchem ist das vielleicht ein wenig zu förmlich. Trotzdem kann man sich hier einiges abgucken, zum Beispiel die vorbildlich differenzierte Beleuchtung. Decken-Spots, Wandleuchten und Stehlampen erzeugen alle ein unterschiedliches Licht, das Sie je nach Anlass einsetzen können. Auch wenn wir im Wohnraum ein beruhigendes Licht bevorzugen, sollte eine helle Beleuchtung möglich sein.
Und so aufgeräumt wie hier darf Ihr Wohnzimmer auch sein. Zugerümpelte Ecken sollten Sie leerräumen, in dunklen Ecken können Sie die Energie mit Licht oder Pflanzen anheben.

# 19. Dezember

*Notizen / Geburtstage*

Unterstützung kommt von „oben“ und manchmal auch von nebenan. Sie findet auf jeden Fall leichter zu Ihnen, wenn der Bereich Hilfreiche Menschen schön gestaltet ist. Was genau ist hier förderlich? Dinge, die Ihre Verbindung zur geistigen Welt symbolisieren: Figuren von spiritueller Kraft, wie Abbildungen von Engeln, Göttern oder Heiligen. Und genauso alles, was für Hilfe im Hier und Jetzt steht: Das können Bilder von hilfreichen Menschen sein, Fotos von Freunden und Förderern.

Grundsätzlich passt Metallenergie hierher, also Weiß, Silber, Gold usw. und Metallgegenstände.

Sonne und Mond stehen für die Verbindung zum Himmel. Sie sind übrigens auch Symbol für Yin und Yang – und gemeinsam ein schönes Beispiel für Partnerschaft und die Verbindung von Männlichkeit und Weiblichkeit.

# 20. Dezember

*Notizen / Geburtstage*

Hier sitzen Sie ganz entspannt mit Blick auf den Kamin und lassen den Alltag hinter sich, denn Feuer wirkt reinigend auf den Geist. Die Sessel stehen mit dem Rücken zum offenen Raum: Da ist eine geschlossene Form angenehm, weil sie Schutz bietet.

Besonders schön ist hier das offen gestaltete Regal, wo neben einigen Büchern auch Kunstgegenstände Platz haben und immer noch viel Luft zirkulieren kann. In vielen Wohnzimmern dominieren vollgestopfte und massive Regal, die einen freien Energiefluss verhindern. In diesen angehäuften Massen von Dingen staut sich die Energie an und belastet die Atmosphäre im Raum.

# 21. Dezember

*Notizen / Geburtstage*

Wir machen zwar keinen Winterschlaf, und doch ist der Winter nicht die Zeit der höchsten Aktivität. Es wird früh dunkel, draußen ist es kalt, und die Menschen ziehen sich gerne in ihre Häuser zurück. Vielleicht kommt daher das Bedürfnis, in der Wohnung Kerzen und Feuer zu entzünden. Die natürliche Kraft des Feuers erfüllt Ihr Zuhause mit Wärme und Licht.
Die Kerzen stärken das Element Feuer und unterstützen den Bereich Ruhm im Bagua.

*Es ist besser,
ein kleines Licht zu entzünden,
als über große Dunkelheit
zu klagen.* Konfuzius

# 22. Dezember

*Notizen / Geburtstage*

Ist Ihr Weihnachtsbesuch schon angereist? In einem freundlich gestalteten Gästezimmer fühlen sich Ihre Verwandten oder Freunde wohl. Frische Blumen, Pflanzen, angenehmes Licht, Bilder und schöne Accessoires – all das belebt den Raum und versorgt ihn mit Energie. Vor allem dann, wenn das Zimmer sonst nicht benutzt wird.

Für die Gestaltung des Gästezimmers gelten die gleichen Tipps wie für das Schlafzimmer. Platzieren Sie das Bett am Kraftplatz des Raums – Wand im Rücken, Tür im Blick. So werden Ihre Gäste die Zeit in Ihrem Haus genießen und erholt ins neue Jahr starten.

# 23. Dezember

*Notizen / Geburtstage*

Erinnern Sie sich, wie Sie sich als Kind immer auf Weihnachten gefreut haben? Heute, da hetzen wir im Dezember von Feier zu Feier, rennen durch die Stadt auf der Suche nach den perfekten Geschenken für unsere Lieben – und trotzdem spüren wir immer noch etwas von dieser Vorfreude. Setzen Sie sich also aufs Sofa und genießen Sie ein Glas Rotwein. So wie es jetzt ist, ist es gut. Das Essen morgen wird wunderbar schmecken, und Geschenke haben Sie auch genug.
Erhalten Sie sich Ihre Weihnachtsfreude und schmücken Sie Ihre Wohnung. Die bunten Girlanden hier geben dem bei uns eher besinnlichen Weihnachtsfest eine beschwingte, leichte Note und erinnern uns daran, dass uns ein fröhliches Fest erwartet. Noch einmal schlafen, dann ist Weihnachten!

FELIZ

# 24. Dezember

*Notizen / Geburtstage*

Ein goldener Glanz umgibt das Weihnachtsfest. Gold erinnert an einen Herbst voller Fülle, an die warmen Strahlen der Abendsonne, den Reichtum der Ernte und natürlich an das edle Material. Kein Wunder, dass wir Gold mit Reichtum, Licht und Glück verbinden. Und an Weihnachten gehört Gold einfach dazu. Da werfen wir unsere Grundsätze von schlichtem und reduziertem Design über Bord und genießen die opulenten Farben und den Glanz des Festschmucks. Denn Weihnachten ist für die meisten von uns immer noch ein besonderer Termin – auch wenn es vorher stressig ist und alle sich jedes Jahr wieder über den ganzen Kommerz beschweren. Na und? Jeder so, wie er es mag. Wir jedenfalls wünschen Ihnen: Frohe Weihnachten!

*Güte beim Denken erzeugt Tiefe,*
*Güte in den Worten erzeugt Vertrauen,*
*Güte beim Verschenken erzeugt Liebe.* Laotse

# 25. Dezember

*Notizen / Geburtstage*

An den ausladenden Tisch passen viele Menschen. In Ihrem Leben ist also Platz, um mit einer großen Familie und vielen Freunden zu feiern!
Welche Stimmung wollen Sie an Ihrem Esstisch erzeugen? Das sanfte Licht der Kerzen wirkt entspannend und passt gut zum festlichen Weihnachtsessen.
Morgens zum Frühstück werden Sie allerdings lieber die Hängeleuchte einschalten, denn dann bringt uns eine klare, helle Beleuchtung eher in die Gänge.
Schaffen Sie an Ihrem Esstisch eine differenzierte Beleuchtung mit verschiedenen Möglichkeiten, denn, ob Feierstimmung oder früher Start in den Tag, die Beleuchtung muss sich anpassen können.

# 26. Dezember

*Notizen / Geburtstage*

Sind Sie bereit für den Weihnachtsbesuch? Das Menü ist vorbereitet, die Tischdekoration haben Sie schon Tage vorher geplant, edel und festlich, in Silber und mit Naturmaterialien. Die roten Ilex-Früchte sind anziehend und leuchten weihnachtlich. Deren stachelige Blätter würden wir allerdings nicht unmittelbar auf der Serviette einbinden, es sei denn, Sie wollen Ihre Gäste loswerden. Beim Aufmachen sticht man sich unweigerlich – also kein schöner Start ins Menü. Nehmen Sie lieber Efeu oder einen Zweig mit weichen Nadeln.

# 27. Dezember

*Notizen / Geburtstage*

Der Tisch im Esszimmer ist gedeckt, die Kerzen angezündet – fehlen nur noch die Gäste. In unserem Wohnzimmer feiern wir mit Familie und Freunden. Ein aktiver Raum mit viel Yang-Qualität. Als solcher verträgt der Wohnraum gut kräftige Farben – in Kissen, Teppichen, Accessoires. Da wir uns auf dem Sofa gerne mit einem guten Buch entspannen – eher eine Yin-Qualität –, sind auch helle Farben angenehm. Am besten ist eine gute Mischung! Eine Kombination aus beruhigenden Farben und kräftigen Nuancen kommt der Stimmung im Wohnraum am nächsten.

# 28. Dezember

*Notizen / Geburtstage*

Ein leichter Vorhang schützt die Küche vor starker Sonne und neugierigen Einblicken. Das halb transparente Material lässt gleichzeitig Licht und Luft durch. Und es bewegt sich bei geöffnetem Fenster, versetzt das Chi in sanfte Schwingungen und belebt den Raum (vergleiche dazu „Mobiles“).
Transparente Vorhänge sind ein guter Filter, der verhindert, dass Chi durch das Fenster entweicht, der gleichzeitig starke Sonnen- beziehungsweise Yang-Energie abschirmt oder einen störenden Ausblick verschönert.

# 29. Dezember

*Notizen / Geburtstage*

Neujahrsgrüße schon erledigt? Natürlich, werden Sie sagen, wenn ich so einen schönen Arbeitsplatz hätte.
Der Aussicht in den verschneiten Garten ist ein bezaubernder und beruhigender Anblick. Wunderschön, wenn Sie einfach nachdenken oder Briefe schreiben wollen. Die Position des Schreibtischs direkt vorm Fenster ist allerdings ungünstig, wenn Sie effektiv arbeiten wollen. Besonders wenn Sie Schwierigkeiten haben, sich zu konzentrieren, kann der Ausblick ablenken und zum Träumen verleiten. Um sich einen Überblick über den Raum hinter Ihnen zu verschaffen, hilft hier ein kleiner Spiegel.

This is Haigland.
BOOKCLOTH CLEANER

# 30. Dezember

*Notizen / Geburtstage*

Viele kleine Lichter erhellen eine dunkle Kaminnische und verbreiten eine weihnachtliche Stimmung.

Licht ist essenziell, denn in Dunkelheit können wir nicht leben. Licht strahlt und erhellt, regt an und ist das Mittel schlechthin, um letztendlich jeden Bereich in Ihrer Wohnung zu unterstützen. Licht steht für das Element Feuer und ist besonders förderlich für die Bereiche Ruhm, Wissen und Partnerschaft des Bagua.

POLICE
POLICE CHIEF

# 31. Dezember

*Notizen / Geburtstage*

So, jetzt sind wir also auf der letzten Seite gelandet, und damit am Ende dieses Jahres. 365 Tage lang haben wir Sie begleitet, Sie haben die wunderschönen Bilder betrachtet, haben jede Menge über Feng Shui gelernt – und vielleicht auch über Ihr Leben. Sie hatten bestimmt so einige Aha-Erlebnisse, und manchmal haben Sie unsere Vorschläge auch verflucht. „Unsere Wohnung ist doch viel kleiner, der Etat geringer ... und es sieht nie so toll aus wie auf den Fotos!" Alles Unfug, vergessen Sie's. Nehmen Sie Ihr Zuhause an, wie es ist – und schauen Sie hin! Schätzen Sie, was ist, überlegen Sie, wofür Sie alles dankbar sind – und planen Sie dann, was Sie verändern möchten.
Wir jedenfalls wünschen Ihnen Spaß bei der Umsetzung unserer Ideen, bereichernde Ergebnisse, innere Fülle und äußeren Reichtum.

*Wohin du auch gehst, geh mit deinem ganzen Herzen.* Konfuzius

# Verzeichnis der Gestalterinnen und Gestalter

## *Januar*

1. Reinhard Weiss
2. keine Angabe
3. Paul Anderson
4. Neisha Crosland
5. Deborah und Rick Ramswell
6. Kelly Hoppen Table Set
7. Dee Reynolds
8. Bruno Raymond
9. Claire Rutland
10. Charlotte Crosland
11. Ruth Aram
12. Ranjit Murugason
13. Sarah Orecchia
14. Donna Aragi
15. keine Angabe
16. Stephanie Hoppen
17. Reinhard Weiss
18. Barbara Ther
19. Dawna Walter
20. Helmut und Jennifer Gorlich
21. Paula Pryke
22. Glyn and Elena Emrys
23. Kelly Hoppen
24. Dominic Ash
25. Dawna Walter
26. Thomas und Liliana Griem
27. John Lee
28. John Lee
29. Kelly Hoppen
30. Monique Waque
31. Hugo und Sophie Grenville

## *Februar*

1. Harry Handelsman
2. Dawna Walter
3. Monica Amstad
4. Jean-Louis Reynaud and Kenyon Kramer
5. Elizabeth Brooks
6. Hugo und Sophie Grenville
7. Victoria Bain
8. Paula Pryke
9. Avril Giacobbi
10. Simon und Sarah Dobson
11. John Lee
12. Esther Fitzgerald
13. Architektur: Chetwood Associates.
    Ineneinrichtung: Precious McBane
14. Juliet Bragg
15. Nicky Colvill
16. Vicotria Bain
17. Sebastian Conran
18. Elizabeth Brooks
19. Paul Anderson
20. keine Angabe
21. Mimmi O'Connell
22. Kelly Hoppen
23. Constanze von Unruh
24. Thomas and Liliana Griem
25. Kelly Hoppen
26. Gain van Lingen
27. Architektur: Legorreta & Legorreta
28. Peter und Gordana Tyler
29. Peter Nolden

## *März*

1. Dawna Walter
2. Gabriela Martin
3. Constanze von Unruh
4. Michael Reeves
5. Architektur: Claire Bataille und Paul Ibens.
   Inneneinrichtung: Stani Jansen und Jan Verschuere
6. Susan Katkhuda
7. Suzanne Knighton
8. James and Lynn Williamson
9. Mimmi O'Connell
10. Kelly Hoppen
11. Joan Brendle
12. Chris and Johanna Pearson
13. Architektur: Chetwood Associates;
    Inneneinrichtung: Precious McBane
14. Mark Mascarenhas
15. Dawna Walter
16. Architektur: Legorreta & Legorreta

17. Carolinda Tolstoy
18. Todhunter – Earle Design Ltd.
19. Charlotte Crosland
20. Lesley Cooke
21. Peter Beardsley
22. Gordana Mandic
23. Mark Mascarenhas
24. Looby Crean
25. John Minshaw
26. Dee Reynolds
27. Suzanne Knighton
28. Kelly Hoppen
29. Pedro de Azambuja
30. Jasper Conran und Ann Boyd
31. Esther Fitzgerald

## *April*

1. Mary Gilliatt
2. Philip Moross
3. David Collins
4. Lauren Shanley
5. Alex Dingwall-Main
6. Wessel von Loringhoven
7. Kelly Hoppen
8. Claire Farrow
9. Penny Morrison
10. Chris und Johanna Pearson
11. Julia Korzilius
12. Reinhard Weiss
13. John Hall und Robert Hirschhorn
14. Mr und Mrs Curtis
15. Ann Grafton
16. Liz Calder
17. Kelly Hoppen
18. Peter Beardsley
19. Mimmi O'Connell
20. Charles Rutherfoord
21. Jasper Conran und Ann Boyd
22. Mark Mascarenhas
23. Dawna Walter
24. Lady Annabel Astor
25. Philip Moross
26. Barbara Ther
27. Kelly Hoppen
28. Harriet Scott
29. Gordana Mandic
30. Dominic Ash

## *Mai*

1. Jane Whitfield
2. Reiner und Stephanie Merkel
3. Ruth Aram
4. Anne Millais
5. Gareth Smith
6. Helen Ellery
7. Jean-Louis Reynaud und Kenyon Kramer
8. Matthew und Miranda Eden
9. Catherine Grenier
10. John Minshaw
11. Linda Burgess
12. Dominic Ash
13. Graham Viney
14. John Hall und Robert Hirschhorn
15. Simone Fritzen
16. Inge Sprawson
17. Charlotte Crosland
18. Joe and Mary Hope
19. Kelly Hoppen
20. Robert Boswell
21. Nico Rensch @ Architeam
22. Victoria Waymouth Interiors
23. John Stuart
24. Abby Yozell
25. Juliet Bragg
26. Robert Boswell
27. Kelly Hoppen
28. Nico Rensch @ Architeam
29. Ian and Linda Swan
30. Anthony Brooks
31. Sarah Orecchia

## *Juni*

1. Ruth Aram
2. Constanze von Unruh
3. Klaus Rohleder
4. Victoria Bain
5. Linda Burgess
6. Abby Yozell
7. The American Museum, Bath
8. Architektur: Claire Bataille und Paul Ibens; Inneneinrichtung: Stani Jansen und Jan Verschuere
9. Architektur: Claire Bataille und Paul Ibens; Inneneinrichtung: Stani Jansen und Jan Verschuere
10. Constanze von Unruh
11. Joe und Mary Hope

12. keine Angabe
13. Johanna Thornycroft
14. Wessel von Loringhoven
15. Mark Mascarenhas
16. Candy & Candy
17. Jane Whitfield
18. Claire Farrow
19. Alain Laurens
20. Architektur: Claire Bataille and Paul Ibens; Inneneinrichtung: Stani Jansen und Jan Verschuere
21. Emma Oldham
22. Joe and Mary Hope
23. Linda Burgess
24. Kelly Hoppen
25. Target Living
26. Lauren Shanley
27. Architektur: Hugh Newell Jacobsen
28. Kelly Hoppen
29. Anthony Brooks
30. Lincoln Cato

## *Juli*

1. Anne-Marie und Peter Gehlhaar
2. Nick und Jane Perkins
3. Architektur: Hugh Newell Jacobsen
4. Ruth Aram
5. Verkhnie Mandrogi
6. Paul Anderson
7. Ruth Aram
8. Ruth Aram
9. Hudson-Featherstone Architects
10. The Cellars Hotel
11. Barbara Ther
12. Gioconda Cicogna
13. Gioconda Cicogna
14. Simon und Sarah Dobson
15. Wessel von Loringhoven
16. Jaime Gubbins
17. Ranjit Murugason
18. Bad Driburg: Ramona Gräfin Oeynhausen
19. Nico Rensch @ Architeam
20. Elena und Glyn Emrys
21. keine Angabe
22. Smiros & Smiros Architects
23. Ian und Linda Swan
24. Joe und Mary Hope
25. Marie Helvin
26. Matthew und Miranda Eden
27. Looby Crean
28. Joan Brendle
29. Sally Brampton
30. Bruno Raymond
31. Philippa Naess

## *August*

1. Amber Galloway
2. Nona von Haeften
3. Donna Ward
4. Nick Etherington-Smith
5. Nicky Atkinson
6. Juliet Bragg
7. Mimmi O'Connell
8. Alain Laurens
9. Candy & Candy
10. Ranjit Murugason
11. Jan Fryer
12. John Hall und Robert Hirschhorn
13. Sylvia Napier
14. Helen Ellery
15. Jean-Louis Reynaud und Kenyon Kramer
16. Julia Morrison
17. Linda Burgess
18. Donna Aragi
19. Ruth Aram
20. keine Angabe
21. Kensington Hotel (Capetown): Jaime Gubbins
22. Dawna Walter
23. Kelly Hoppen
24. Constanze von Unruh
25. Neisha Crosland
26. Wessel von Loringhoven
27. Pasquale Amodio und Randa Hanna
28. Candy & Candy
29. Emma Oldham
30. Malcom Hillier
31. Joe und Mary Hope

## *September*

1. Pasquale Amodio und Randa Hanna
2. Pasquale Amodio und Randa Hanna
3. Homeira Pour-Heidari
4. Cheryl Tague
5. Victor Stuart Graham
6. Sylvia Napier

7. Monica Apponyi
8. Dominic Ash
9. Avril Giacobbi
10. Elena und Glyn Emrys
11. Pasquale Amodio und Randa Hanna
12. John Hall und Robert Hirschhorn
13. A. J. Talbot
14. Ranjit Murugason
15. James Fraser
16. Hilary Alexander
17. Stephanie Ferrario
18. Annie Kyyro-Quinn
19. Lady Annabel Astor
20. Robert Hering
21. Victoria Bain
22. Ranjit Murugason
23. Elisabeth Brooks
24. Annie Kyyro-Quinn
25. Suzanne Knighton
26. Sabine Pasley-Tyler
27. Monica Apponyi
28. Grania Berkeley
29. Geoff Player und Michael Reeves
30. Simon und Sarah Dobson

## *Oktober*

1. Paul Anderson
2. Rebecca Hill
3. Victoria Waymouth Interiors
4. Graham Viney
5. James Fraser
6. Mary Gilliatt
7. A. J. Talbot
8. A. J. Talbot
9. Bruno und Alexandre Lafourcade
10. Candy & Candy
11. A. J. Talbot
12. Chris und Johanna Pearson
13. Constanze von Unruh
14. Rebecca Hill
15. Annie Kyyro-Quinn
16. Reinhard Weiss
17. Constanze von Unruh
18. Verkhnie Mandrogi
19. Kelly Hoppen
20. Pasquale Amodio und Randa Hanna
21. John Simpson
22. Andrew McAlpine
23. keine Angabe
24. Graham Viney
25. Annie Kyyro-Quinn
26. Philippe Starck
27. Paul Anderson
28. Andrew McAlpine
29. Candy & Candy
30. Paula Pryke
31. Legorreta & Legorreta

## *November*

1. Bettina von Bulow
2. Annie Kyyro-Quinn
3. A. J. Talbot
4. Sybil Stanislaus
5. Matthew Goodsell
6. Esther Fitzgerald
7. Pasquale Amodio und Randa Hanna
8. Mr & Mrs Grell
9. Donna Aragi
10. Athene English
11. Jean-Louis Reynaud und Kenyon Kramer
12. Kelly Hoppen
13. Charlotte Crosland
14. Matthew Goodsell
15. Matthew Goodsell
16. Kelly Hoppen
17. Julia Korzilius
18. A. J. Talbot
19. Anthony Brooks
20. Monica Apponyi
21. Sybil Stanislaus
22. Peter Nolden
23. Barbara Ther
24. Stephanie Ferrario
25. Johanna Thornycroft
26. Architektur: Guard Tillman Pollock Architects
27. Victoria Waymouth Interiors
28. Mimmi O'Connell
29. Pasquale Amodio und Randa Hanna
30. Suzanne Knighton

## *Dezember*

1. Joan Brendle
2. Lesley Cooke
3. Thomas und Liliana Griem

4. Jonathan Reed und Ann Boyd
5. Jane Whitfield
6. Nikkie Cartwright
7. Rose Uniacke
8. Julia Korzilius
9. Mark Mascarenhas
10. Jane Cumberbatch
11. Charlotte Crosland
12. Charlotte Crosland
13. Moussie Sayers
14. Julia Korzilius
15. Reinhard Weiss
16. Alejandra Morales
17. Ian und Linda Swan
18. Suzanne Knighton
19. Victoria Hilliard
20. Reinhard Weiss
21. Homeira Pour-Heidari
22. Suzanne Knighton
23. Alejandra Morales
24. Nikkie Cartwright
25. Moussie Sayers
26. Kelly Hoppen
27. Jane Cumberbatch
28. Eva Maschek
29. James und Lynn Williamson
30. Donna Aragi
31. Kelly Hoppen

**Die Autorin**
Katrin Möller ist studierte Architektin (Universität Kaiserslautern) und erprobte Feng-Shui-Beraterin. Mit ihrem Mann und ihren zwei Töchtern lebt und arbeitet sie mitten in München.
www.katrinmoeller.de

**Der Fotograf**
Andreas von Einsiedel gehört zu den besten Interior-Fotografen der Welt. Seine faszinierenden Fotos wurden in vielen Büchern und internationalen Zeitschriften veröffentlicht. Dieses Buch präsentiert 365 seiner schönsten. Er lebt und arbeitet in London.
www.einsiedel.com

**Impressum**
Bibliografische Information Der Deutschen Bibliothek
Die Deutsche Bibliothek verzeichnet diese Publikation in der Deutschen Nationalbibliografie; detaillierte bibliografische Daten sind im Internet über <http://dnb.ddb.de> abrufbar.

1. Auflage

Satz und Layout: Monika Pitterle/DVA
Gesetzt aus der Fabiol, der Zapfino und der Lithos Pro/InDesign CS2
Lithographie: Repro Ludwig, A-Zell am See
Druck und Bindung: Offizin Andersen Nexö Leipzig, Zwenkau
Printed in Germany
ISBN 978-3-421-03593-6

www.dva.de